Guidebook for Law, Psychology and
Welfare concerning Family

家族をめぐる
法・心理・福祉

法と臨床が交錯する現場の実践ガイド

村尾泰弘 編著 Yasuhiro Murao

法律文化社

はしがき

　家族というものは考えれば考えるほど得体が知れない。同性婚の是非が議論され，家族形態の多様性が問われる現在，家族とは常に形を変えながら発展し続けるアメーバのような存在に思えてきた。1994年，国連国際家族年の時に，家族の定義はできないとされた（二宮周平『家族と法──個人化と多様化の中で』岩波書店，2007年）。家族法学者の二宮はこれについて，「家族は，国や社会によって多様な形態や機能があり，その形態や機能は社会によって変化するものであり，個々の好みや，社会の条件によって多様だからである。家族を定義するとすれば，『共同生活を営む親密な関係』ということになるだろうか」（二宮・同書，239頁）と述べている。ここに家族の紛争解決のむずかしさが存在する。

　わが国には家族についての法があり，制度が現存している。多様な家族をめぐる問題は，法制度の中で解決を強いられる。しかし，そこで法的に解決されても，それをもって最終的な解決になることは非常に少ない。多くの家族問題は形式的な解決では収まり切れず，より具体的，実体的解決が求められるのが通例だからである。その解決のためには，法律家だけではなく，心理や福祉の領域の専門家たちが手を携えて，当事者たちのニーズにかなう解決を模索する必要がある。家族の問題に携わる実務家たちは，この法と臨床の交差するきわめて難しい領域で奮闘努力しているのが現状であろう。

　本書は，このような法と臨床の交差点で活動する実務家のために編まれたものである。本書の副題を「法と臨床の交錯する現場の実践ガイド」としたのもそのためである。心理の専門家は法や制度に疎いことが多く，福祉の専門家は法や心理の知識を求めている。また法律の専門家も心理や福祉的な理解を求めている場合が少なくない。そのニーズにこたえるのが本書の目的である。

　本書で扱った内容は，少年非行，DV，ストーカー問題，児童虐待，高齢者介護，離婚をめぐるさまざまな親子問題，ハーグ条約や国際離婚問題など，広範囲に及ぶばかりでなく，内容の質も高い。これらの問題を十分に理解するだ

i

けの基礎知識が必要である。

　第1部では，法律を体系的に学んでいなくても，これらの問題を理解できるだけの法的知識を得られるように配慮した。また難解な心理学理論や福祉の概念をわかりやすく説明するように努力した。

　第2部では，具体的な事例を取り上げて，その問題の核心と解決法が理解できるように努めた。臨床的な問題は単なる知識だけでは理解できない。具体的な事例を通してはじめて，真の理解に到達できるからである。

　そして，第3部は「家族問題をめぐる新たな潮流と課題」である。ここで展開される問題は現在，家族をめぐる最も鋭角的で最新の課題である。本書はガイドブックとして役に立つように配慮したが，この第3部は，法，心理，福祉のベテランの専門家や研究者にお読みいただいても，十分満足していただけるだけの最新の知識と考え方を提供できるものになったと自負している。

　なお，本書で用いた事例は，実際の事例の一部を変えたり，複数の事例を合成する等，加工を加えてある。また，マスコミ等で取り上げられた実際のケースを用いた場合も，扱う内容は報道・出版された範囲内にとどめる等，熟考を重ねている。これらはすべてプライバシーに配慮して行ったものである。ご了承いただきたい。

　本書のような型破りな企画を実現していただいた法律文化社にはただただ感謝の気持ちである。また実際の編集を担当された舟木和久氏にはさまざまなアイデアをいただき，本書が実際の出版にいたるためにさまざまなご苦労をおかけした。こころから御礼を申し上げたい。

　2019年7月14日

執筆者を代表して

村尾　泰弘

目　次
家族をめぐる法・心理・福祉——法と臨床が交錯する現場の実践ガイド

はしがき

第1部　家族問題を理解するための法・心理・福祉 ················ I

1　少年非行と法制度・心理の基礎知識　2

(1)　少年非行と少年法　2
(2)　家庭裁判所調査官　5
(3)　事件送致の流れ　6
(4)　終局決定　7
(5)　少年事件にかかわる機関　9
(6)　付添人制度　11
(7)　少年非行にかかわる心理学エッセンス　13
(8)　発達障害　20

2　犯罪と刑法・刑事手続の基礎知識　23

(1)　刑法の基礎，罪刑法定主義など　23
(2)　故意と過失　25
(3)　共　犯　26
(4)　刑事責任能力と精神鑑定　27
(5)　刑事訴訟法と少年法の関係　29
(6)　逮　捕　31
(7)　勾　留　32
(8)　その他の捜査　33
(9)　刑事裁判　34
(10)　被害者支援　36

3　家族の危機を理解するための基礎知識　39

(1)　民法の基礎，民法改正の動向など　39

iii

(2) DV とストーカー——法的視点から　46

(3) ストーカーの心理　54

(4) 離婚の心理　58

(5) ハーグ条約と国際離婚問題　60

4 児童虐待を理解するための基礎知識　64

(1) 児童虐待防止法と親権制度等の見直し　64

(2) 児童相談所と児童虐待　70

5 高齢者虐待を理解するための基礎知識　75

(1) 高齢者の介護，扶養義務　75

(2) 成年後見制度　77

(3) 高齢者施設　79

(4) 高齢者と介護者の抱える課題　82

(5) 認知症　84

第2部　家族問題の具体的事例からよむ法・心理・福祉 ……… 89

1 少年非行の具体的事例　90

(1) 累犯少年の特徴——被害者意識のパラドックス　90

(2) 被害者意識　92

(3) さまざまな少年非行の理解　96

(4) 万引きなど軽微な非行の理解　100

2 ドメスティック・バイオレンス（DV）の具体的事例　105

(1) DV 事例の包括的理解とその支援　105

(2) DV の概観　105

(3) 事例を通した議論と提案　110

(4) 地域における支援・介入システムと今後の発展　115

(5) シェルターと母子生活支援施設　116

3 不倫と離婚の具体的事例　121

(1) 不倫とは何か　121

目　次

(2)　不倫の心理──事例から背景や問題点を探る　121

(3)　不倫が及ぼす配偶者・子どもへの影響　129

(4)　離婚時の紛争──離婚はどのようになされるか　133

(5)　離婚後の紛争──親権者変更・養育費・面会交流　138

(6)　今後の課題──離婚後の子どもの養育計画　147

4　児童虐待の具体的事例　148

(1)　児童虐待事例からみえてくる家族と社会　148

(2)　トラウマの心理　155

5　介護殺人の具体的事例　159

(1)　事例からみえてくる介護の実態　159

(2)　介護殺人の現状　159

(3)　介護殺人の具体的事例　161

(4)　被告人のその後　164

(5)　さらなる悲劇を防ぐために　165

第3部　家族問題をめぐる新たな潮流と課題　167

1　治療的司法　168

(1)　世界の薬物問題への向き合い方　168

(2)　治療的司法とは何か　168

(3)　問題解決型裁判所の展開　170

(4)　ドメスティック・バイオレンス・コート　172

2　加害者家族支援　173

(1)　隠された被害者「加害者家族」　173

(2)　加害者家族の可視化　173

(3)　日本の加害者家族の現状　174

(4)　日本の加害者家族支援のあり方　177

(5)　日本の加害者家族支援の現在　179

3 情状鑑定 180
- (1) 情状鑑定とは何か 180
- (2) 情状鑑定が求められる場合 181
- (3) 情状鑑定の方法論 181
- (4) 情状鑑定の効果と臨床的側面 182
- (5) 求められる情状鑑定の担い手 184

4 成人年齢引き下げと少年法 185
- (1) 問題の概要 185
- (2) 議論のきっかけと背景 185
- (3) 少年司法制度の基本的な仕組みと少年法不適用によって起こる問題 186
- (4) 「若年者に対する新たな処分」の構想とその問題点 187

5 離婚時の親権──単独親権と共同親権 190
- (1) 現行民法と法改正に向けた動き 190
- (2) 日本での議論状況 191
- (3) 諸外国の動向──オーストラリアの制度を参考に 192
- (4) 「子どもの最善の利益」のための親子法制度に向けて 194

6 子どもの意見の尊重と子どもの手続代理人制度 197
- (1) 家事事件手続法の制定 197
- (2) 子どもの手続代理人 198
- (3) 調査官制度と子どもの意見の尊重のために 199

7 裁判員裁判と市民の福祉 200
- (1) 刑事裁判の現実 200
- (2) 裁判員裁判によってもたらされた刑事裁判の変化 201
- (3) 裁判員裁判で審理される事件 201
- (4) 裁判員裁判と市民の福祉 202

家族問題の相談ガイド

執筆者紹介

第1部

家族問題を理解するための
法・心理・福祉

少年非行と法制度・心理の基礎知識

(1) 少年非行と少年法

　少年非行は煩雑で理解しにくいという話をよく聞く。非行問題の難しさは2つの側面を含んでいる。1つは，文字通り少年非行のその内容理解の難しさである。もう1つは非行事件の処理手続の問題である。家庭裁判所を中心とする処理のプロセスは非常に煩雑でよくわからないという声がある。
　ここでは，非行理解に必要なミニマム・エッセンスを書くことにした。つまり，最低限，これだけを読めば，少年非行はよく理解できるという内容である。

① 年齢という視点

　少年非行を理解する上で，年齢というのはきわめて重要である。キーワードは20歳未満と14歳である。20歳未満は少年法適用の上限年齢である。20歳に達すると少年法を適用することができない。少年非行という概念で犯罪・非行を考える上限を意味している。
　ただし，現在，少年法適用年齢を18歳未満に引き下げようとする議論が活発である。そのため，年齢引き下げ問題については常に注意を払う必要がある。
　では，14歳は何かというと，これは刑事責任能力を問える年齢の下限を意味している。つまり，犯罪が成立するための下限の年齢である。このことは意外に知られていない。
　盗みをはたらくと窃盗罪が成立する。当たり前のことであろう。しかし，5歳の子が盗みをしても，窃盗罪は成立しない。では8歳の子ではどうだろう。やはり，窃盗罪は成立しない。では何歳から窃盗罪が成立するのか。
　これが14歳なのである。日本では，14歳になってはじめて犯罪が成立する。ある種不思議なことである。また不合理なことも起きてくる。

1　少年非行と法制度・心理の基礎知識

　たとえば，中学2年生を考えてみよう。中2の子どもは，13歳と14歳が混在している。クラスメート同士が万引きの相談をして，一緒にコンビニで万引きをしたとしよう。警察に捕まっても，13歳の少年と14歳の少年では，警察の対応が違うのである。14歳は窃盗罪が成立する。そのため，14歳の少年は，犯罪少年として扱われる。事件化され，警察から検察庁を通して家庭裁判所に事件が送られてくる。

　一方，13歳の少年は犯罪が成立しない。「触法少年」として扱われる。手を掛ける必要のある少年については，警察から児童相談所に通告もしくは送致される。触法とは「刑罰法令に触れる行為」のことであるが，これは年齢的に犯罪が成立しないので，「刑罰法令に触れる行為」という表現になるのだ。要するに年齢の問題である。まずは，児童相談所で対応され，児童相談所が家庭裁判所に事件を送る必要のあるものだけが家裁に送致されるのである。ここのところはしっかりと理解しておきたい。

　少年という用語にも要注意である。少年法では，少年とは20歳未満の男女を指している。女子も少年である。男子少年，女子少年と呼ばれる。

　さて，家庭裁判所で扱われる非行少年は次の3種類である。

　1　犯罪少年（14歳以上20歳未満で犯罪を犯した少年）

　2　触法少年（14歳未満で，「刑罰法令に触れる行為」をした少年）

　3　ぐ犯少年（14歳以上20差未満で，将来罪を犯すおそれのある少年および14歳未満で，将来刑罰法令に触れるおそれがある少年）

「犯罪少年」については説明は要らないだろうが，「触法少年」と「ぐ犯少年」については若干説明を補っておく。

　14歳未満の少年が刑罰法令に触れる行為をしても，犯罪少年と呼ばないのは，刑法41条により14歳未満の少年は罰せられないため，犯罪とはならないからである。たとえば，同じ窃盗にあたることを14歳以上の少年が行えば犯罪少年となるが，全く同じことを14歳未満の少年が行うと触法少年となるのである。年齢の問題である。

　少年法の対象となるぐ犯少年には，将来，罪を犯し，または刑罰法令に触れる行為をする 虞 があるというぐ犯性の他に，(イ)保護者の正当な監督に服しない性癖のあること，(ロ)正当な理由がなく家庭に寄りつかないこと，(ハ)犯罪性のある

3

第1部　家族問題を理解するための法・心理・福祉

人もしくは不道徳な人と交際し，またはいかがわしい場所に出入りすること，(ニ)自己または他人の徳性を害する行為をする性癖のあること，という(イ)から(ニ)までの4つのぐ犯事由のうち1つまたは2つ以上に該当することが必要である。

　ぐ犯という考え方は，成人にはない考え方である。ぐ犯の「ぐ」とは「虞（おそれ）」という漢字をあてる。現時点では犯罪にあたる行為をしていないが，将来，犯罪にあたる行為をするおそれがある少年である。たとえば，家に帰らず，もっぱら暴力団の組事務所で生活をしている少年などがその代表である。成人であれば組事務所で生活しているだけでは，警察に捕まることはないが，少年法は少年の健全育成を目的にしているので，このような少年も家庭裁判所（以下，「家裁」）の審判の対象にするのである。

　子どもに関係する法律には，児童福祉法という法律がある。この児童福祉法の適用年齢は18歳未満である。同法では，18歳未満のものを児童と呼び，同法の適用となる。おわかりのように，少年法と児童福祉法では対象となる子どもが重なり合ってくる。児童福祉の代表的な機関は児童相談所（以下，「児相」）ということになろうが，非行関連のものについて家裁と児相の棲み分けについて実務的観点から簡単に述べておこう。14歳以上の犯罪については家庭裁判所の対応となる。14歳以上のぐ犯については，児相も扱うが，深刻なものは家裁が対応することになる。14歳未満はもっぱら児相の守備範囲に入るが，深刻なものは児相から家裁に送られてくると考えてよいだろう。

②　少年法の理念

　少年法の理念として，教育主義，処遇の個別化，職権主義の3つをあげることができる。

　教育主義とは保護主義とも呼ばれるもので，罪を犯した少年にはできるだけ刑罰ではなく，保護処分その他の教育的手段によって非行性の除去を図ることとし，刑罰は，このような教育的手段によって処遇することが不可能か，不適当な場合に限って科されることになる。ちなみに少年院送致は刑罰ではない。保護処分であって，少年院は矯正教育を行うところである。刑罰が必要と考えられる場合は，（14歳以上であれば）検察官送致にされ，成人と同じような手続きで裁判を受ける道筋をたどることになる。

4

1　少年非行と法制度・心理の基礎知識

　処遇の個別化とは，少年一人ひとりの問題を調べ，その問題の改善に必要な対応をして健全育成を図ることである。少年法は成人の刑事事件のような微罪処分や裁量による不送致を認めておらず，全て家庭裁判所に送致させるといういわゆる全件送致主義をとっている。少年の非行の原因はさまざまであり，また，少年の資質や環境上の問題点も千差万別である。このような少年のもつ問題点に対処し，その健全な育成を図るには，個々のケースに応じた個別的な処遇を行わなければならない。したがって，処遇の個別化は前述の教育主義の当然の帰結であるといえる。成人に対する刑事裁判の場合には，犯罪事実が重視され，その結果，たとえば罪質が同じで，かつ被害なども同程度であれば，なるべく同種，同程度の刑罰を科することが法的安定の見地からも要請される。これに対して少年審判の場合には，処分は非行事実のみならず，少年自身の抱えている問題，すなわち非行の原因やそれを除去するための資質，少年をとりまく環境上の問題点に応じて，それにふさわしい処遇方法が少年一人ひとりに応じて検討されるのである。これが少年審判の基本的な考え方である。

　成人の刑事裁判と少年審判は大きく様相が異なっている。少年審判は，職権主義を基本としている。成人の刑事裁判では，検察官と弁護人のやりとりを裁判官が第三者的立場でみて判決を下すという構造をとっている。これは対審構造と呼ばれるものである。

　これに対して，少年審判では家庭裁判所自らが少年について広汎な調査を行い，適切な処遇を考える。これは職権主義と呼ばれるものである。この手続きは処遇を決定する手続きであると同時に教育的，あるいは福祉的な性質をもつ。すなわち少年審判の全過程は，司法機能実現のための「司法過程」であると同時に，福祉的機能ないし保護的機能の実現のための「保護過程（教育課程)」でもあると考えられているのである。

(2)　家庭裁判所調査官

　少年審判では，この少年はなぜこのような犯罪を犯したのか，原因や背景は何か，この少年が立ち直るためには何が必要なのか，この少年の家族には何が欠けているのか，学校や地域環境に問題があるとすれば，どこをどのように改

5

第1部　家族問題を理解するための法・心理・福祉

善しなくてはならないのか。このような原因や背景，改善策を裁判所自らが考えていくことになる。そのためには専門的な知識や技能を備えたスタッフが必要になる。このような理由から家庭裁判所には，地方裁判所や簡易裁判所には存在しない特別のスタッフとして家庭裁判所調査官（以下，「家裁調査官」）がいる。

　家裁調査官は，少年の生活実態やものの考え方など，非行の背景と非行の重さを考える専門的なスタッフである。家庭裁判所調査官が心理学や社会学など人間関係の専門知識を駆使して，調査をし，その少年に見合った対応を考えるのである。

(3)　事件送致の流れ

　家裁への事件送致の形態には2種類ある。在宅送致と身柄付き送致である。

　在宅送致は警察や検察庁で必要な調べは受けるが，身柄を拘束されずに，家に帰され，事件の書類だけが家庭裁判所に送られてくる送致の形態である。ほとんどの事件はこの在宅事件である。在宅事件が家庭裁判所に送致されると，家裁調査官の調査が始まる。少年と保護者が呼び出され，面接調査を受けることになる。そして，家裁調査官は少年調査票を作成し，審判のために裁判官に提出する。

　これに対して**身柄付き送致**とは，主に，逮捕され，拘留され，身柄を拘束された状態で，家裁に送致されてくるものである。この場合，家裁に送致されてくると，釈放するか少年鑑別所に入れるかの判断を受ける。少年鑑別所に入ると，身柄を拘束された状況で家裁調査官の調査と少年鑑別所での鑑別を受けることになる。その上で，審判を受けるのである。少年鑑別所に入れることを観護措置と呼ぶが，観護措置の機関は（場合によっては最大8週間まで入れておくことができるが）原則として4週間以内である。4週間以内に審判がある。審判は裁判官が少年・保護者に会う場であるが，この審判で処遇が決定する（**図表1-1**）。

　さて，少年鑑別所は，少年を収容して，少年の心と身体，ものの考え方などを調べるところである。少年鑑別所では心理学の専門家である鑑別技官によって，面接，各種心理テストによる心理検査，身体状況の調査，精神医学的検査，行動観察などが行われる。これら各種の調査から得られた情報は，鑑別所内で

6

1 少年非行と法制度・心理の基礎知識

図表1-1 家庭裁判所を中心とした少年事件の処理プロセス

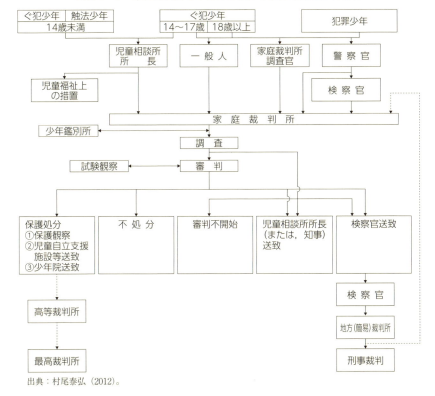

出典：村尾泰弘 (2012)。

の判定会議によって総合的に検討され，少年の資質，問題，非行に至った要因，予後などに関する鑑別結果通知書としてまとめられ，家庭裁判所に提出される。この鑑別結果通知書と家裁調査官の作成した少年調査票が審判では重要な資料となる。

(4) 終局決定

家裁の終局決定としては，審判不開始，不処分，保護観察，少年院送致，児童自立支援施設送致，児童養護施設送致，児童相談所長送致，検察官送致などがある。

7

第1部　家族問題を理解するための法・心理・福祉

　これらを簡単に概観してみよう。裁判官が直接，少年や保護者に会う場は**審判**と呼ばれる。

(a)　審判不開始

　家裁調査官が少年に会って調査をし，必要な訓戒を与え，本人も反省を深めている等の場合，これ以上，審判を開いて裁判官が会う必要がないという決定である。最も軽い決定ともいえる。

(b)　不処分

　審判を開いて，裁判官が直接，少年・保護者に会った上で，これ以上，保護処分などの処分をする必要がないと判断した場合をいう。

(c)　保護観察

　保護観察所の行う保護観察の指導を受けるというものである。多くの場合は，地域の保護司の生活指導を受けることになる。

(d)　少年院送致

　少年を少年院という矯正教育を行う機関に送ることをいう。

(e)　児童自立支援施設または児童養護施設送致

　児童福祉施設に送ることである。この児童自立支援施設は非行傾向のあるものを主に扱っている。児童養護施設も児童福祉施設であるが，特に非行傾向の有無と関係が無く，親と一緒に住めない者や虐待などのために親から離して生活することが必要なものが生活している所である。

(f)　児童相談所長送致

　少年を児童相談所に送って，後は児童相談所の対応に任せるものである。

(g)　検察官送致

　検察官に事件を送り返して，成人と同じ刑事裁判を受けさせるものである。

　ここで，少年に対して大人扱いができるかという疑問を改めて考えてみよう。

　よく世間では，少年法は少年を甘やかしているということが囁かれているようである。しかし本当にそうであろうか。少年は成人と同じ刑事裁判を受けることはないのであろうか。多くの人たちは，少年は刑事裁判を受けることがないと思っているようだ。しかし，それは間違いである。

　少年は14歳になっていれば，大人と同じ刑事裁判を受けさせることができ

る。これが**検察官送致**（略して「検送」「逆送」ということもある）である。事件を検察官に送り返し，刑事裁判の手続きに乗せるのである。

　現在の少年法では，16歳以上の年齢で，故意に人を死なせてしまった場合（傷害致死事件や殺人事件など），原則的に，事件を検察官に送り返し，刑事裁判を受けさせることになる。これを**原則検察官送致**（原則険送）と呼ぶ。検察官送致になれば，公開の裁判で裁きを受ける。その事件が裁判員裁判に相当するものであれば，少年犯罪であっても裁判員裁判になるのである。

　したがって，「未成年者を大人扱いにできるか」という疑問の答えは，「できる」というのが正解である。

　(h)　**試験観察**

　終局決定ではないのだが，家庭裁判所の決定には試験観察というものがある。少年法は，「家庭裁判所が保護処分を決定するために必要があると認めるときには，相当の期間，少年を家庭裁判所調査官の観察に付することができる」とした。これを，通常，試験観察と呼ぶ。試験観察は，終局の処分を相当期間留保して，少年の生活状況や行動などを観察するために行われる中間決定である。

(5)　少年事件にかかわる機関

　それでは少年事件にかかわるさまざまな機関について概観してみたい。

　(a)　**少年鑑別所**

　すでに説明したので，6～7頁を参照されたい。

　(b)　**少年院**

　少年院は原則として閉鎖施設であり，保護処分の中では最も重い処分である。その内容については，少年院法および少年院処遇規則に詳しく定められている。

　(c)　**少年院の種類**

　少年院の種類は2015年6月1日に新しい少年院法が施行され，従来の初等少年院，中等少年院等の区分が廃止された。そして，同法第4条によって，新たに第一種（心身に著しく障害がないおおむね12歳以上おおむね23歳未満のもの），第二

第1部　家族問題を理解するための法・心理・福祉

種（心身に著しい障害がない犯罪的傾向の進んだおおむね16歳以上23歳未満のもの），第三種（心身に著しく障害があるおおむね12歳以上26歳未満のもの），第四種（少年院において刑の執行を受けるもの）という4つが定められた。第三種少年院以外は，男子の少年院と女子の少年院に分けられている。

　第一種少年院についての収容期間は長期処遇と短期処遇に大別される。長期処遇は原則として2年以内だが，2年を超えるときは個別に収容期間を定める。詳述すると，「相当長期」は24カ月くらいまで，「比較的長期」は18カ月まで，それ以外は12カ月前後となる。短期処遇は従来の一般短期処遇と特修短期処遇の区別がなくなり，収容期間は6カ月以内となったが，家庭裁判所の「特別短期間」の処遇勧告が付された場合は，4カ月以内の矯正教育を行うこととし，特修短期処遇を継承している。

(d)　保護観察所

　保護観察は，少年院や児童自立支援施設送致といった施設内処遇に対し，社会内で行われる保護処分である。すなわち，自宅等で生活しながら，生活指導を受ける保護処分である。

　保護観察は，常勤の国家公務員である保護観察官と，非常勤で無給，すなわちボランティアである保護司によって実施される。保護観察官は，心理学，教育学，社会学など更生保護に関する専門的な知識と技術を有しており，保護司は篤志家である有識者で法務大臣より委嘱をされている。保護観察の多くは，保護司が担当者となって，直接，少年の生活指導をし，主任官である保護観察官が，保護司をサポートし，保護司の仕事をとりまとめる形態をとる。困難なケースについては，保護観察官が直接担当することもある。

(e)　児童相談所

　児童相談所の対象は原則として満18歳未満の児童である。児童相談所は，近年の児童虐待の増加と相まって，社会的に注目をされている。子どもに関する福祉の第一線を担う機関であり，児童福祉法で，都道府県と特別区に設置することが義務づけられている。

　児童相談所では，児童福祉司と呼ばれるソーシャルワーカー（一般的にケースワーカーと呼ばれている），臨床心理の専門家である児童心理司や医師，場合によっては弁護士などがチームを組んで，ケースに対応していくことになる。

（f） 児童自立支援施設

児童自立支援施設とは，「不良行為をなし，又はなすおそれのある児童及び家庭環境その他の環境上の理由により生活指導等を要する児童を入所させ，又は保護者の下から通わせて，個々の児童の状況に応じて必要な指導を行い，その自立を支援」することを目的とする施設（児童福祉法44条）である。

（g） 児童自立支援施設における処遇

児童自立支援施設の教育方針は，1899（明治32）年に家庭学校を設立した留岡幸助の考え方が基本精神として受け継がれているという。つまり，非行少年を家庭の愛情が不足して育った存在として捉え，家庭的な愛情と教育を与える場として拘禁施設をもたない開放的な一軒家で夫婦が子どもと寝食を共にするという基本理念である。

この基本理念は，一組の夫婦が児童と生活を共にして寮舎を運営する「小舎夫婦制」として，感化院，教護院時代を経て，現在まで受け継がれている。しかし，近年，このような「小舎夫婦制」を維持することが困難になってきており，全国的に減少している。代わって，寄宿舎制・職員交代制に変更する施設が多くなった。

（6） 付添人制度

① 少年事件における付添人

付添人とは，家庭裁判所に送致された少年の権利を擁護し，少年の立ち直りを支援する活動を行う立場の者である。家庭裁判所における少年保護手続は，少年の健全な育成を目的としてなされるとはいえ，少年を鑑別所に収容することによってその自由に制限を加えたり，審判において少年院等の施設収容処分を下したりする点で，少年の権利の制約を伴う側面をもつ。また，処分の前提となる非行事実の存在や内容を少年が争う場合には，未熟な少年の主張を代弁し，その主張を裏付ける証拠の収集や提出を支援することが必要である。

少年法10条は，少年および保護者が選任する付添人の資格に制限を設けていない。したがって弁護士以外の者が付添人になることも可能であるが，その場合には裁判所の許可を要する。付添人が，少年保護手続において的確な活動を

第1部　家族問題を理解するための法・心理・福祉

するためには，少年法に関する知識はもちろん，刑法等の刑罰法令や児童福祉法その他の関連する法令にも精通している必要があるため，実情としては，多くの場合，弁護士が付添人として選任されている。もっとも弁護士であれば誰もが上記法令に精通しているわけではなく，したがって少年事件の付添人活動は弁護士にとって比較的マイナーな仕事であり，弁護士による経験値の差が大きい分野といえる。

②　国選付添人

　少年や保護者が自ら費用を負担して選任する付添人（いわゆる私選付添人）以外に，一定の場合には，裁判所が付添人を選任し，その費用は国費によってまかなわれる（国選付添人）。

　具体的には，①少年審判に検察官が関与することが決定された事件（少年法22条の3第1項，少年審判規則30条の3第1項・2項），②被害者が少年審判の傍聴を申し出た事件（少年法22条の5第2項・22条の4）について，少年に弁護士である付添人がいない場合は，必ず国選付添人が選任されることになっている。

　また，③死刑または無期もしくは長期3年を超える懲役もしくは禁錮に当たる罪（強盗致傷や強姦致傷，厳重建造物等放火などの重大事件だけでなく傷害や窃盗，詐欺なども含まれる）について少年鑑別所に収容する観護措置がとられた少年に弁護士である付添人がいない場合は，「事案の内容，保護者の有無その他の事情を考慮し，審判の手続に弁護士である付添人が関与する必要があると認めるとき」に裁判所の裁量によって国選付添人が選任される（少年法22条の3第2項・32条の5第2項）。

③　付添人の権限と役割

　付添人は，家庭裁判所において，事件の証拠となる書類や物を閲覧・謄写し，少年鑑別所に収容した少年と立会人無しに面会をすることができる。また，付添人は少年の審判手続に出席して少年のために意見を述べたり，証人や少年に発問をしたりもできる。さらに，少年が裁判所の観護措置決定によって鑑別所に収容された事件では，裁判所に異議を申し立てることもできる（少年法17条の2）。

1 少年非行と法制度・心理の基礎知識

　付添人は，これらの権限を最大限に活用して，少年の権利を擁護し，その更
生を支援しなければならない。身に覚えのない罪に問われている少年にとっ
て，付添人は，潔白を明らかにしてくれる存在であり，実際に罪を犯した少年
にとって，付添人は，立ち直りを信じて励ましてくれる存在である。

　特に，罪を犯した少年の中には，家庭環境に恵まれず，貧困や虐待の中での
悲惨な生育歴をもつ者や，学校や社会で居場所を失い孤独な思いを抱えている
者も少なくない。付添人は，そのような少年のために，時には保護者や親戚以
上に親身になって，今後の仕事や生活の場を探し回ることさえある。また，保
護者が問題を抱えているケースでは，少年だけでなく保護者の問題解決の相談
に乗ることもある。付添人は，審判までの限られた期間の中で，できる限り充
実した活動を行い，それを審判に先立ち家庭裁判所の裁判官や調査官に伝え
て，少年にとって望ましいと考える結論を得るように働きかけることになる。

　もちろん，審判の結果，少年や付添人の期待に反する結論となることも少な
くない。しかし，少年にとって，最大の味方として寄り添ってくれた付添人が
いたことは，心の支えとしてその後の更生に資するはずである。

(7)　少年非行にかかわる心理学エッセンス

　少年非行を理解するためにぜひとも知っておきたい心理学の考え方や用語が
ある。ここでは，それを解説したい。

①　精神分析

　精神分析は，フロイト（Freud, S.）が創始した心理療法の考え方・技法であ
る。精神分析は，意識のみならず，無意識も重要な作用をするという考え方を
とっている。フロイトは，自分（自我）が受け入れられない欲動や体験などを
意識から排除するメカニズムを解明した。これは抑圧というメカニズムであ
る。意識から排除しても完全に消えてなくなったわけではない。抑圧されたも
のは無意識の領域に放り込まれるのである。そして，それらは無意識の領域に
とどまり，しばしば神経症などの問題を引き起こす要因となるのである。

　フロイトは無意識の領域に追いやられたものを意識化することによって，神

13

第1部　家族問題を理解するための法・心理・福祉

経症は治癒されると考えた。無意識下に追いやられた，いわば闇の怪物を意識によってしっかりと見据えることで神経症は治ると考えたのである。

　フロイトは，また，心の仕組みを，エス，自我，超自我という3つの領域によって考えた。

　エス（es）とは本能衝動の源泉をいう。イド（id）ともいう。本能衝動がわき起こるふつふつとした釜のようなものを想像してもよいかもしれない。

　超自我（super ego）は，簡単にいうと良心の機能を果たすところである。自分自身を監視するところであり，好ましくないことに対して「いけない」という禁止の命令をくだすところである。これは両親をはじめとする社会的な諸規範が固体の精神構造に内在化したものと考えられる。また，超自我には自分がこうなりたいという理想を形成する機能もある。

　自我（ego）は，人格の中枢にあってさまざまな精神機能をつかさどるところである。エスと外界を調整したり，エスと超自我を調整したりする。

　さて，これらを比喩を用いてわかりやすく考えてみよう。たとえば，幼児がプラットホームで排便がしたくなったとする。「ウンチがしたいよ」というと，親は「ここでしちゃだめだよ」といい，トイレに連れていくことだろう。大人になるとどうか。プラットホームで排便がしたくなってもそこで座り込んで用を足すことはしない。かたわらに親がいなくてもそうである。親が「そこでしてはだめ」といわなくても，心の中で「そこでしてはいけない」という禁止の命令を発するからである。それは，親の禁止機能が心の中に取り入れられたからだと考えられる。これが超自我なのである。

　そして，自我は排便の欲求と超自我の禁止「ここでしてはいけない」という命令を調整し，「トイレに行って用を足そう」という合理的な行動を選択するのである。

　非行臨床では，超自我の形成過程が問題になることが多い。非常に単純な例をあげれば，コンビニに行って子どもが陳列してある商品が欲しくなったとしよう。ある母親は「店員が見ていなければ，盗ったってかまわない」という態度を示したとしよう。こういう親に育てられれば，犯罪肯定的な超自我が形成されるに違いない。しかし，母親が，「お店のものはお金を払って買わなければいけない」と教え諭す態度をとったとしよう。このような育てられ方をした

1　少年非行と法制度・心理の基礎知識

子どもの超自我は，犯罪を抑止する機能を果たすだろう。このように精神分析では，子どもが育った養育環境を重視する立場といえる。

②　ユング心理学

フロイトと並んで今日の臨床心理学の発展に多大な足跡を残したのがユング（Jung, C. G.）である。ここでは，ユングの考え方について触れてみることにする。

精神分析の始祖フロイトは無意識を重要視したが，フロイトの考えた無意識とは個人的無意識である。つまり，その人が個人として過去に体験したものが何らかの理由で無意識の中に蓄積されると考えたわけである。

これに対し，ユングはさらにその底に生来的な（生まれつきの）無意識の層があるとして，これを普遍的無意識（集合的無意識とも呼ばれる）として捉えた。そこには人類に共通した，あるいは民族に共通したイメージや行動パターンをうみだす何かがあると考え，それを元型と呼んだ。元型の種類としては母なるものの元型（グレート・マザー），永遠の少年，ペルソナなどがある。

さて，ここで主な元型を紹介しておこう。

(a)　グレート・マザー（great mother）

グレート・マザーは，あらゆるものを産み，育てる「母なるもの」の元型である。母性のもつ「包含」の機能には，「産み育てる」肯定面と，抱え込み「呑み込む」否定面の二面性があり，それは地母神と鬼母神に代表される。夢やイメージでは，大女神，ドラゴン，魔女，山姥，海，渦巻，洞穴，壺のような形で現れることもある。臨床的には，「ドラゴン退治」「肯定的母親像探し」などのモチーフが普遍的テーマとして見受けられる。

(b)　老賢人（old wise man）

老賢人は，あらゆる社会的野望を乗り越えた悠々自適な仙人のような「父なるもの」のイメージとして現れる。天の「英知」輝く肯定面と，闘争や「横暴」にふるまう否定的な面の二面性をもつ。男神，仙人，稲妻，雷鳴などのイメージで表現される場合もある。

(c)　トリックスター（trickster）

愚かな行為，おどけなどで秩序を攪乱・「破壊」するが，世界に新しい変

15

化・創造をもたらす可能性ももつイメージとして現れる。童児神，いたずら者，ペテン師，道化，民話のたぬきやきつねなどの形で現れることがある。

(d) アニマ（anima）・アニムス（animus）

心の中に存在する異性イメージ。男性の心の中の異性像はアニマ，女性の心の中の男性像はアニムスと呼ばれる。

ラテン語で「風，空気，呼吸，魂，生命力，精神」などの語源をもち，この異性像の発達が各人の心の成熟に重要な働きをする。

(e) ペルソナ（persona）

古典劇で役者がつけるマスク（仮面）を意味するラテン語に由来する。個人が外界への適応に必要とする心の内部の組織，公的なパーソナリティを指す。

人はそれぞれ性別・所属や場面に応じていくつかの役割を使い分け演じている（「学生風」「医者らしさ」「男らしさ・女らしさ」など）。ペルソナは「社会に向けた顔」といえる。ゆえに，ペルソナの欠如は，不適応などの社会からの批判を浴びやすいが，一方，ペルソナに同一化しすぎて，その個人の個性が発揮できない場合にも，心の内面に盲目となり，他者との人間的な接触を妨害されることがある。なお，夢やイメージの中では，しばしば衣服や殻，皮，名刺など，身につけるもので表される。

ユング心理学の中で，非行臨床とかかわりが深いのは「影」の考え方である。「影」とは「その人が意識として生きてこなかった自分」である。

「人はそれぞれその人なりの生き方や，人生観をもっている。それと相容れない傾向は抑圧されたか，取りあげられなかったか，ともかく，その人によって生きられることなく無意識界に存在しているはずである。それが影である。

「影」とは，言い換えれば「自分の意識では認めがたい自分で，たえず直接的，間接的に自分に迫ってくるすべてのことをいい……たとえば，自分の認めがたい性格や劣等なところ，両立しがたい思いなど」（東山 2002）である。

非行臨床をしていて痛感するのは，親の影を肩代わりせられている子どものケースが多いことである。いわば，親の影を生きている子どもたちである。たとえば，宗教家，教育者といわれる人で，他人から聖人，君子のように思われている人の子どもが，手のつけられない放蕩息子であったり，犯罪者であった

りする場合がある。警察官の子どもが非行少年というのもこれにあたる。

こういった親は自分の中の否定的なものを切り捨てて生きている。正しい生き方が強調されている分，影も深い。子どもはその影を生きることによって，家族中はバランスがとれている場合が少なくない。親がこういった人格者ではなくても，非行少年には多かれ少なかれ親の影を生きる側面がつきまとうのである。

③ 家族療法──家族システムとその変容

我々は家族のしがらみを背負って生きている。その家族のシステムが変わらない限り，問題解決が生じないことは容易に理解できるだろう。家族療法とは，このように，その人の背景にある家族自体の問題とその解決を積極的に考えていく立場である。

心理療法の領域に家族の問題が大いに関係していると考えざるを得なくなった実情を考えてみたい。ある人が精神病院で入院治療を受けたとする。治療効果があがって症状も非常に良くなった。そこで，その人は退院する。ところが，また悪くなって入院してくる。入院すると良くなるのだが，退院するとまた悪くなってしまう……治療者はこう考える。「家に戻すと悪くなるというのは，家庭のシステム自体に問題があるのではないか」。これが家族療法の基本的な出発点なのである。

非行についても同じことがいえる。少年院に入る。その少年は反省も深まり，矯正教育の効果が端的に現れる。ところが，家に戻すと，また元の不良生活に戻ってしまうのである。なぜか。それはその少年をとりまく環境システムそのものに問題があり，それを積極的に変えていかない限り，問題は克服されないということである。

ある非行を繰り返す少年の場合をみてみよう。この家庭では，母親が強くて支配的な役割をとっていた。母親は父親のことを「頼りにならない」「相談のしがいがない」などと責め，拒絶するようになった。そのために母親はますます家庭の中で支配的にならざるを得なくなったのだが，その一方で母親は心理的にはますます不安定になっていった。

母親は，父親が「頼りにならない」ために，父親を拒絶して家庭外に排除し

図表1-2　非行をめぐる悪循環

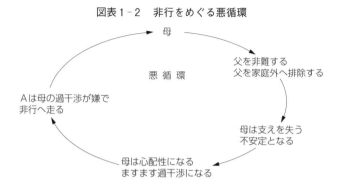

ていく。このことは，逆に母親の孤立を深め，内面的な支えを失うことにほかならない。

　父親を侮蔑すればするほど母親は孤立し，内面的に不安定になっていくのである。したがって，母親は一見強そうにみえるが，その内面は不安定そのものなのである。そのためにますます心配性になり過干渉な態度を強めていったのである。

　この家族の機能不全は家庭からの父親の排除と母親の不安定化の悪循環として理解される。支配的な母親は父親を「頼りにならない」として侮蔑して家庭外へ排除する（父親の排除）。母親はいっそう支配的となるが，内面的な支えを失い，内面的な不安定さは増大する（母親の不安定さの増大）。母親は不安定さを補償しようとして，ますます子どもを支配下に取り込み過干渉に接する（母親による子どもの私物化）。母親の過干渉を拒否して非行に走る。母親は父親を「頼りにならない」として家庭外へ排除する。

　このような悪循環の図式の中で非行が現れることは，臨床の中で頻繁に認められる。

　図示すると図1-2のようになる。

　この事例では，父母の連携つまり，親サブシステムの連携強化（夫婦連合の形成）と少年の自己決定を尊重する家族の姿勢を強化することが目標になった。面接は家族参加のセッションとし，父親の参加と積極的な発言を促すこととし，その上で，少年が自分自身のことに関しては，自分の意見を積極的に述べ，父母がそれを傾聴し，家族としての意思決定をするという家族のコミュニ

ケーション・システムの形成に努めた。

④ 認知行動療法

(a) 認知行動療法の成り立ち

問題に対する歪んだ認知・ものの捉え方を修正し，問題改善のために適切な行動を学習させる心理療法である。問題行動に至るリスクを未然に回避できるようなライフスタイルの構築を目指す。認知行動療法は，うつ病の治療法として注目を浴びたが，近年では矯正や保護といった犯罪者処遇の現場でも，科学的根拠のある技法として積極的に導入されてきている（平井 2014）。

基本に学習理論や認知心理学がある。学習理論の基礎は，パブロフ（Павлов, И. П.）やスキナー（Skinner, B. F.）に負うところが大きい。パブロフが犬にエサを与える際，ベルを鳴らすことを繰り返すと，ベルの音を聞いただけで唾液を分泌することを発見し，この実験などから発展させた古典的条件付けの理論や，スキナーがレバーを押すとえさが出る箱を考案し，そこにネズミを入れておくと，ネズミは試行錯誤の後，レバーを押してエサをとりだし，それを食べるという行動を身につけることを発見した。これはオペラント条件付けと呼ばれるものである。このような行動の変容が生じることを学習と呼ぶが，これらの学習理論を基礎にして，行動療法が発展した。行動療法では神経症の症状や不適応行動を一種の学習されたものと考え，それらを消去しようとする。このような行動療法に認知の修正等の技法が組み合わされ，現在の認知行動療法が成立してきたと考えられる。

(b) 認知行動療法の基本的な考え方

人の行動は外的刺激をどのように受けとるかによって変わってくる。すなわち認知の仕方を変えれば，行動は変わる。身近な例でいえば，もしもある母親が食事の準備をしているとき，子どもに手伝いを頼んだとする。子どもはテレビに夢中であり，怒鳴り返されたとしよう。この母親は「テレビに夢中になって親に反抗するなんて許せない」と思い，さらに「こんな子はどんな大人になるか心配」「育て方を失敗した私は母親として失格だ」とまで，考えたという。しかし，カウンセリングを通して，他の考え方がとれないかどうかを検討してみると「子どもは楽しそうにテレビを見ていた。そんな子どもに頼み事をして

第1部　家族問題を理解するための法・心理・福祉

も耳に入らなかったかもしれない」「そこで手伝ってくれなかったからといって，悪い子だと決めつけられない」「そんなときに叱りつけたら反抗的になるかもしれない」「食事の後かたづけは手伝ってくれるし，良いところもある」という考え方が出てきた。

　このように認知の歪みを発見し，それを修正する。そして，心の問題は認知の仕方によって生じるという機序を理解させ，合理的な認知ができるように少しずつ練習していくのである。

　(c)　犯罪や非行への応用

　認知行動療法は，うつ病，パニック障害，犯罪被害者のPTSDの有効な治療法と考えられているのみならず，犯罪や非行を起こしたものの改善にも役立つと考えられており，最近では，性犯罪者，暴力加害者などに対する再犯防止のために，刑務所や保護観察所の場において，教育・指導プログラムとして利用されている。

　たとえば，性犯罪を起こすプロセスは，①ストレスの生じる要因，②ストレス発散の方法＝性犯罪につながる行動，③性犯罪に踏み出す行動，④認知の歪み，⑤犯罪後の感情等について，加害者とともに検討して行動や認知の歪みを明確にして，性犯罪につながらない考え方や行動を理解させる。その上で，自分が性犯罪につながる思考や行動を行おうとする時に，行動や認知の歪みに気づいて，より望ましい行動を練習によって増やしていくのである（関根 2008）。

(8)　発達障害

　わが国では，2005年に施行された発達障害者支援法施行規則に定められている「心理的発達の障害並びに行動及び情緒の障害（自閉症，アスペルガー症候群その他の広汎性発達障害，学習障害，注意欠陥多動性障害，言語の障害及び協調運動の障害を除く。）」のことを「発達障害」とするのが一般的である。従来の「発達障害」は「知的障害」を含める概念であり，それを「広義の発達障害」と表現する場合もある。

　ここでは，発達障害者支援法施行規則に定められている「発達障害」に焦点を当てる。だが前提として，「発達障害」は保護者等による不適切な養育に原

因があるわけではなく（「心因論」と呼ばれる），中枢神経系の何らかの要因による機能障害がその根本的原因（脳に何らかの損傷があり，うまく働かない状態にある）と考えられていることを強調しておきたい。

① 教育的定義による「発達障害」

わが国では「発達障害」に関して，医学的診断基準による定義と教育的定義の2つが存在し，教育的定義の方が若干広く定義する傾向がある。

2003年に文部科学省が発表した「今後の特別支援教育の在り方について（最終報告）」の参考資料では，各「発達障害」を以下のように定義している。

• 自閉症（Autistic Disorder）

3歳位までに現れ，(a)他人との社会的関係の形成の困難さ，(b)言葉の発達の遅れ，(c)興味や関心が狭く特定のものにこだわることを特徴とする行動の障害。

• 学習障害（LD：Learning Disabilities）

基本的には全般的な知的発達に遅れはないが，聞く，話す，読む，書く，計算するまたは推論する能力のうち特定のものの習得と使用に著しい困難を示すさまざまな状態を指すものである。学習障害は，その原因として，中枢神経系に何らかの機能障害があると推定されるが，視覚障害，聴覚障害，知的障害，情緒障害などの障害や，環境的な要因が直接の原因となるものではない。

• 注意欠陥／多動性障害（ADHD：Attention-Deficit/Hyperactivity Disorder）

年齢あるいは発達に不釣り合いな注意力，および／または衝動性，多動性を特徴とする行動の障害で，社会的な活動や学業の機能に支障をきたすものである。また，7歳以前に現れ，その状態が継続。

なお，高機能自閉症とは上記の3つの特徴をもちつつも知的発達の遅れを伴わない者のことを表していたが，知的発達の遅れを伴わない自閉症者の方が大多数のため，近年使われなくなっている。また，アスペルガー症候群とは，自閉症の特徴の内(b)言葉の発達の遅れを伴わず，かつ，知的発達の遅れを伴わない者のことを指す。

② 操作的診断基準の限界

上記の定義は，世界保健機関（WHO）のICD-10（国際疾病分類第10版）を

ベースとしている（なお，改訂版であるICD-11が2022年に発効するため，わが国の「発達障害」の定義にも影響を与えると予想される）。「発達障害」の診断基準は「操作的診断基準」と呼ばれるものである。「操作的診断基準」とは，障害の発生原因が不明なため検査法がなく，臨床症状に依存して診断せざるを得ない精神疾患に対し，信頼性の高い診断を与えるために明確な基準を設けたものである。これは，臨床症状に共通する特徴を「最大公約数」として示したものであり，各個人の一部分（障害の特徴と呼ばれる部分）のみを示したものにすぎない。ゆえに，「発達障害」者は，障害の特徴以外の多くの個別性をもった存在であると捉えなければならない。障害の特徴のみに注目したり，各個人の姿を障害の特徴のみで説明する姿勢は厳に慎まなければならないであろう。

　また，現在の医療では「発達障害」の根治は不可能である。しかし，「発達障害」を抱えることが，不幸であるとは限らない。支援に当たる者には，「発達障害」を抱えつつゆたかな人生を歩む方法を，彼・彼女らに寄り添い，共に考えていく姿勢が求められる。

【参考文献】

(3)について

　村尾泰弘（2012）『非行臨床の理論と実践』金子書房。

(7)について

　関根剛（2008）「学習理論と認知行動療法」村尾泰弘編著『Q & A 少年非行を知るための基礎知識』明石書店。

　東山紘久（2002）『プロカウンセラーの夢分析──心の声を聞く技術』創元社。

　平井秀幸（2014）「認知行動療法」岡邊健編『犯罪・非行の社会学──常識をとらえなおす視座』有斐閣。

(8)について

　楠凡之（2017）『自閉症スペクトラム障害の子どもへの理解と支援』全国障害者問題研究会出版部。

　別府悦子・喜多一憲編著（2014）『発達支援と相談援助──子ども虐待・発達障害・ひきこもり』三学出版。

（村尾泰弘……(1)～(5)(7)担当）

（岩本憲武……(6)担当）

（児嶋芳郎……(8)担当）

# 犯罪と刑法・刑事手続の基礎知識

(1) 刑法の基礎，罪刑法定主義など

① 罪刑法定主義

「悪いことをすれば罰を受ける」ことは，幼い子どもでも理解している，当たり前のルールに思われる。しかし，何が処罰に値する「悪いこと」なのかがあらかじめ決められていなかったらどうだろうか。「何をすれば罰せられるのか」がわからない社会で生きることは大きな不安をともない，きわめて不自由である。自分がこれからしようとしている行為が，罰せられるかもしれないとなれば，多くの人が「しない」方を選ぶだろう。また，いざ罪にあたる行為をしたときに，どのような罰を受けるかわからない，というのも不安で不自由である。自由な社会生活を実現するためには，「何をすれば罪となり，どのような罰を受けるか」ということがあらかじめ明確になっていなければならない。そして，罪と罰の内容は，国民の利害に直結する内容であるから，国民自身が法律によって定めるべきである。

このように，自由主義と民主主義の要請に基づいて，いかなる行為が犯罪となり，それに対してどのような刑罰が科されるかについて，あらかじめ国会の制定する法律によって定めておかなければならないとする原則を「罪刑法定主義」という。それにより，私たちは，ある行為をしようとするときに，その行為に対し，法律が罰則を設けていなければ（たとえ，道義的には非難されるような行為であったとしても），刑罰を受けることはないと安心できるし，仮に罪を犯した場合にも，自分にどの程度の刑が課せられるのかを法律の定めから予測して対応できる。

日本では，憲法31条が「何人も，法律の定める手続によらなければ，その生命若しくは自由を奪はれ，又はその他の刑罰を科せられない」と定めて罪刑法

第1部　家族問題を理解するための法・心理・福祉

定主義をとることを明確にしている。そして，罪刑法定主義は，「何人も，実行の時に適法であつた行為又は既に無罪とされた行為については，刑事上の責任を問はれない。又，同一の犯罪について，重ねて刑事上の責任を問はれない」（いわゆる遡及処罰の禁止）と定めた憲法39条や，内閣が行う事務について「この憲法及び法律の規定を実施するために，政令を制定すること。但し，政令には，特にその法律の委任がある場合を除いては，罰則を設けることができない」と定めた憲法73条6号にも表れている。

②　罪刑法定主義と刑法

刑法は，この罪刑法定主義を具体化したものといえる。日本では，刑法によって，いかなる行為が「犯罪」であり，それにどのような「刑罰」が科されるのかが明定されている（なお，現実には，内閣の制定する政令や地方公共団体の条例にも刑罰法規が定められている。しかし，これらで定められている刑罰法規は法律の委任に基づくものであり罪刑法定主義の例外ではない）。

たとえば，刑法199条は「人を殺した者は，死刑又は無期若しくは5年以上の懲役に処する」と定めている。これにより，私たちは「人を殺す」という行為をすれば「死刑又は無期若しくは五年以上の懲役」という罰を受けるということを理解することができる。また，刑法203条には「第199条及び前条の罪の未遂は，罰する」と定められているから，殺人が未遂にとどまった場合でも罰を受けることがわかる。そして，未遂にとどまった場合の罰の重さについては，刑法43条が「犯罪の実行に着手してこれを遂げなかった者は，その刑を減軽することができる。ただし，自己の意思により犯罪を中止したときは，その刑を減軽し，又は免除する」と定めている。

他方，私たちは刑法36条1項に「急迫不正の侵害に対して，自己又は他人の権利を防衛するため，やむを得ずにした行為は，罰しない」と定められていることから，いかなる場合でも人を殺せば罰せられるわけではなく，いわゆる「正当防衛」が成立する場合には罰せられないことを知り，いざというときには相手の生命を奪ってでも自分の身を守ることができる。

なお，刑法199条や刑法203条のように，刑法のうち個別の犯罪について規定した部分を「刑法各論」と呼び，刑法36条や刑法43条のように犯罪全体に共通

して，その成立要件等を論じた部分を「刑法総論」と呼んでいる。

(2)　故意と過失

①　故　意

　故意とは，「罪を犯す意思」のことである。たとえば「店の品物を盗もう」と考えて，商品棚に並んでいる品物を手に取り代金を払わず店を出て持ち去る行為には窃盗の故意が認められる。これに対して，店内で商品を手に持ったまま，考え事をしていたためにうっかり代金を払わずに店から出てしまった場合には，窃盗の故意がない。

　刑法38条1項は，「罪を犯す意思がない行為は，罰しない。ただし，法律に特別の規定がある場合は，この限りでない」と定めており，原則として処罰の対象となるのは故意の犯罪行為のみであることを規定している。ここにいう「特別の規定」の代表的な例は，次項で述べる過失犯の処罰規定である。故意犯の処罰を原則としている刑法においては，そうした特別の規定がない限りは，犯罪の故意がない行為は処罰されないということになる。刑法には過失によって他人の財物を盗むことを処罰する規定はないから，上記にあげた「うっかり代金を払わずに商品を店から持ち出してしまう行為」は処罰の対象とならない。

②　過　失

　故意に人に暴力をふるって怪我をさせる行為は傷害罪（刑法204条）にあたり「15年以下の懲役又は50万円以下の罰金」に処せられることになる。

　他方で，暴力をふるう意図がなくても他人に怪我をさせてしまうことがある。たとえば重い荷物を持って階段を登っていたところ，うっかり手を滑らせて荷物を落としてしまい，下から階段を上ってきていた人にぶつけて怪我をさせてしまったような場合である。このような場合について，刑法209条では「過失により人を傷害した者は，30万円以下の罰金又は科料に処する」と定めており処罰の対象となるとしている。このように，故意がなくても過失がある場合には犯罪として処罰される行為があり，それらを過失犯と呼んでいる。そ

第1部　家族問題を理解するための法・心理・福祉

して，過失があるといえるためには，結果の予見可能性があることを前提とする，客観的な結果回避義務違反と，結果回避措置を履行することによって結果の発生を回避することができたという結果回避可能性が必要であるとの見解が通説である（新過失論）。

(3)　共　犯

「共犯」という言葉はさまざまな意味で用いられるが，最もオーソドックスな意味での「共犯」は，複数の者が犯罪を共に実行する場合を指し，その態様としては共同正犯（刑法60条），教唆犯（刑法61条），幇助犯（刑法62条）の３種類がある。

共同正犯とは，刑法60条が「２人以上共同して犯罪を実行した者は，すべて正犯とする」と規定するとおり，２人以上の人間が共同して犯罪を実行する場合のことをいう。たとえば，ＡとＢの２人が，路上強盗を計画し，Ａが被害者を路上に押し倒して殴る蹴るの暴行を加えて抵抗ができないようにした上で，Ｂが被害者のカバンを奪い取った場合，ＡとＢは，共同して強盗という犯罪を実行した共同正犯となる。実際には，強盗という行為のうち，Ａは「暴行によって被害者を抵抗できないようにする行為」のみを行い，Ｂは「抵抗できなくなっている被害者からバッグを奪い取る行為」のみを行ったにすぎないが，このように一部の行為をしたにすぎない者でも，その全部について自己の行為として責任を負うのが共同正犯である。

さらに，上記のＡとＢによる強盗の実行について，事前に２人と一緒に路上での強盗を計画し，実行役をＡとＢの２人に委ねたＣという人物がいた場合には，Ａ，Ｂ，Ｃの３人で共謀した上で，一部の者（Ａ，Ｂ）が犯罪を実行したにすぎないが，その場合にもＣを含む全員について共同正犯が成立するとされており，これを共謀共同正犯と呼んでいる（これに対し，共謀した全員で犯罪を実行した場合を実行共同正犯と呼ぶことがある）。

教唆犯とは，まだ犯罪の実行を決意していない者に対して，特定の犯罪の実行を決意させる場合をいう。たとえば，金に困っている人間に，店舗で換金性の高い商品を万引きしてくることを唆す行為は窃盗の教唆にあたる。

26

幇助犯とは，ある者が犯罪を実行するにあたって，それを容易にする行為をする場合をいう。たとえば殺人を実行しようとする者のために毒薬や凶器を提供する行為がそれにあたる。なお物理的に容易にする行為に限らず，激励など心理的に容易にする行為であっても幇助行為にあたるとされている。

(4) 刑事責任能力と精神鑑定

違法な行為をした者を罰するためには，その行為をしたことについて，その者を「非難」できることが必要である。非難のためには，その者が，①その行為が許される行為か，許されない行為かを区別することができる能力と，②その区別に従って，許されない行為をしないようにブレーキをかける能力を有していることが必要とされている。①を「是非弁別能力」，②を「行動制御能力」と呼び，これらを併せて「責任能力」という。

精神の障害により，是非弁別能力と行動制御能力の両方，あるいはいずれか一方を欠いている場合には「心神喪失」として無罪となる（刑法39条1項）。たとえば，統合失調症の患者が，同居の家族に悪魔が取り憑いており，このままでは自分もその悪魔に取り憑かれてしまうとの妄想からその家族を殺害したような場合である。

もっとも，責任能力は，100％備わっているか，それとも全く有していない（0％）かの2つに1つというわけではない。

そのため，刑法39条2項は，心神喪失には至らないものの，責任能力が「著しく」減退した「心神耗弱」の状態でした行為については，その刑を減軽するとしている。

この心身喪失または心神耗弱という概念は，精神医学上のものではなく，あくまで違法な行為をした者を罰することができるかどうかを判断するために用いられる法律上の概念である。最高裁判所も「被告人の精神状態が刑法39条にいう心神喪失又は心神耗弱に該当するかどうかは法律判断であって，専ら裁判所に委ねられるべき問題である」としている（最高裁判所昭和58年9月13日第3小法廷決定集刑232号95頁）。

もっとも，その法律判断の前提となる被告人の精神障害の有無やその程度に

第1部　家族問題を理解するための法・心理・福祉

ついては，精神医学についての専門的な知見をもたない裁判官のみで判断することは困難である。そのことは検察官や弁護人にとっても同様である。

そこで，刑事事件においては，被疑者あるいは被告人の責任能力について判断するために，いわゆる精神鑑定が実施されることがある。もっとも，精神鑑定といっても，それが行われる目的や実施の方法は，鑑定の主体や，鑑定が実施される場面によってさまざまである。

精神鑑定という言葉から一般的にイメージされるのは，起訴された被告人について，その責任能力に疑問を提起しようとする弁護人の請求に基づいて行われる精神鑑定であろう。この場合には，裁判所が精神科医等に鑑定を命じることによって鑑定が実施され，その鑑定結果は，鑑定人となった精神科医等によって書面または口頭でその内容が公判廷に報告されて裁判の証拠となる。

しかし，実際には，精神の障害によって犯行に及んだ可能性が疑われる者については，被疑者段階，すなわち起訴されるより以前の段階で，まず捜査機関である検察官から依頼を受けた精神科医等によって精神鑑定が実施されることも少なくない。検察官はこの精神鑑定を踏まえて，心神喪失と判断された被疑者については罪に問わずに不起訴処分としたり，完全な責任能力を有することを前提に起訴したりするなど，その処分を決定する。こうした裁判所や検察官から依頼された精神科医等による正式な精神鑑定には2～3カ月を要することが一般的である。もっとも，捜査段階で行われる精神鑑定の中には，精神科医等が被疑者に1回程度の問診をし，その限度での鑑定意見を述べる簡易なものも存在する（「簡易鑑定」と呼ばれる）。

また，検察官や裁判所において精神鑑定を実施していない場合や，実施された精神鑑定に対して異なる結論を提示する目的で，弁護人が精神科医等に依頼して実施する精神鑑定もある（「私的鑑定」と呼ぶことが多い）。もっとも，勾留されている被疑者・被告人について，検察官や裁判所が実施する精神鑑定の場合には，被疑者・被告人と鑑定人の間に仕切りがない状態で時間的制約もなしに面会し，必要に応じて外部の医療機関において諸検査を実施することも可能であるのに対し，弁護人によるいわゆる私的鑑定では，原則として仕切りの設けられた面会室において時間の制約も受けながらの鑑定となるため，その信頼度について検察官や裁判所から疑問を呈される場合があるという問題がある。

28

(5) 刑事訴訟法と少年法の関係

　刑事訴訟法は，罪を犯したとされる者について，どのように捜査や公判を行うのかという刑事手続を定めた法律である。

　少年であっても，14歳以上であれば刑事処罰の対象となるため（刑法41条），罪を犯したとされる少年も成人と同じく被疑者として刑事訴訟法にしたがって捜査が進められることになる。

　ただし，少年法は，少年の未熟性に配慮して，勾留について，成人の場合とは異なる取扱いをすることを定めている。具体的には，まず検察官は少年の勾留については「やむを得ない場合」でなければ請求できず（少年法43条3項），勾留の請求を受けた裁判官は「やむを得ない場合」でなければ勾留状を発することはできないとしている（少年法48条1項）。

　そして「やむを得ない場合」にあたらないときには少年について勾留に代えて観護措置をとることを認めている（少年法43条）。勾留に代わる観護措置は，勾留と異なり，身体拘束の場所は少年鑑別所であり，その期間も10日に限られ，さらに最大10日の延長が認められることはない（少年法44条3項）。

　さらに，仮に少年について，「やむを得ない場合」にあたるとして，その勾留が認められた場合であっても，少年法はその勾留の場所を少年鑑別所とすることを認めている（少年法48条2項）。

　このように，罪を犯したとされる少年の身体拘束については，少年法がその特性に配慮した規定をおいて刑事訴訟法の修正を図っているのであるが，現実的には，多くの少年について「やむを得ない場合」にあたるとして検察官により勾留の請求がなされ，裁判官がそれを認めて勾留状を発布しており，その勾留場所についても，少年鑑別所とされることは少なく，大半の少年被疑者が成人と同様に警察署の留置施設に最大20日間にわたって勾留されているのが実情である。

　次に，被疑事実についての捜査が終了した段階での扱いについて，成人の被疑者と少年の被疑者とでは大きな違いがある。成人の被疑者については，起訴便宜主義といって，検察官に被疑者を起訴するか起訴しない（不起訴とする）

かについて，広範な裁量が与えられている。そのため，実務では，捜査の結果，犯罪の嫌疑が認められなかった場合や嫌疑が不十分であったという場合のみならず，嫌疑は十分に認められるものの，軽微な事件である，初犯である，十分に反省している，被害者との間に示談が成立した，家族による指導監督が期待できるといった事情で起訴を猶予する処分（起訴猶予）も広くなされている。

　しかし，少年である被疑者については，検察官は犯罪の嫌疑がある場合には全て家庭裁判所に送致しなければならないとする全件送致主義がとられている（少年法42条1項）。

　少年法が，こうした取扱いを定めて，少年の事件について，いわば「捜査機関限り」で終わらせないこととしているのは，少年非行の背景にはさまざまな要因があり，一見軽微に思える非行でもその裏側に深刻な問題が隠れている場合があることなどを踏まえて，それを家庭裁判所の専門的機能に委ねて解決させるためである。

　家庭裁判所に送致された少年について，非行事実を認定し，処分の要否とその内容を決定する審判は，刑事訴訟法ではなく少年法，少年審判規則にのっとって行われ，公開の法廷で当事者主義の下で実施される刑事公判に対し，非公開の審判廷で職権主義の下で実施されるなどの点で大きく異なっている。

　しかし，少年について，家庭裁判所による検察官送致決定（少年法20条）がなされれば，少年は，成人と同様に公開の法廷で刑事裁判を受けることになる。その場合の公判のあり方は，原則として成人と同様に刑事訴訟法にのっとって行われることになるが，少年法は少年の刑事裁判についても特則をおいている。その1つが少年法55条による家庭裁判所への移送決定の規程である。すなわち，家庭裁判所により検察官送致決定がなされた少年であっても，「事実審理の結果，少年の被告人を保護処分に付するのが相当であると認めるとき」には事件を家庭裁判所に移送しなければならないとし，少年が刑事罰ではなく保護処分を受ける余地を認めている。その他にも，少年法には，少年に対する刑事罰について，犯行時に18歳未満の少年について死刑を科さず，無期刑で処断する場合にも有期刑とすることを認めるなどの刑の緩和（少年法51条）や，不定期刑（少年法52条）など刑法の特則がおかれている。

⑹ 逮 捕

逮捕とは，罪を犯したと疑われる者の身体を拘束する強制処分である。憲法
33条が「何人も，現行犯として逮捕される場合を除いては，権限を有する司法
官憲が発し，且つ理由となつている犯罪を明示する令状によらなければ，逮捕
されない」，刑事訴訟法199条1項が「検察官，検察事務官又は司法警察職員
は，被疑者が罪を犯したことを疑うに足りる相当な理由があるときは，裁判官
のあらかじめ発する逮捕状により，これを逮捕することができる」としている
ことからわかるとおり，通常の逮捕は，捜査機関が裁判官から逮捕状の発布を
受けなければできない。これは，犯罪の検挙を目的とする捜査機関が，ある人
物について犯罪者との疑いをもち逮捕しようと考えた場合でも，そこに中立な
第三者である裁判官の目によるチェックを受けさせることによって，誤った逮
捕がされることを防ぐためである。

しかし，常に逮捕の前に，捜査機関が裁判官の逮捕状を用意しなければなら
ないとしたら，犯人と目される人物を取り逃がしかねないため，法律は，通常
逮捕の例外として，現行犯逮捕と，緊急逮捕という2種類の逮捕も認めてい
る。

現行犯逮捕は，現に犯罪をしている，あるいは犯罪を終えたばかりの人物
を，現行犯人として逮捕状なしに逮捕することである（刑事訴訟法212条1項）。
このような例外が許されるのは，このような人物であれば犯人であることに間
違いの入る余地が少ないからである。そのため，刑事訴訟法212条2項は，あ
る人物が犯人として追呼されているなど一定の要件を満たし，罪を犯してから
間がないと明らかに認められるときに準現行犯人として逮捕状無しに逮捕する
ことも認めている。そして，ある人物が現行犯人であることを確認できるの
は，警察官や検察官等の捜査機関に限らないから，現行犯逮捕は「何人でも」
つまり誰でもできることとされている（刑事訴訟法213条）。

緊急逮捕は，現行犯人にあたらない場合でも，一定の重大な犯罪について，
その者がその犯罪をしたと疑うに足りる充分な理由があり，裁判官の逮捕状を
求めている時間的余裕がない場合に，例外的に令状無しでの逮捕を認めるもの

第1部　家族問題を理解するための法・心理・福祉

である。この場合には捜査機関は後から裁判官に逮捕状を請求することとされている（刑事訴訟法210条1項）。

(7)　勾　留

　警察が被疑者を逮捕した場合は，被疑者は逮捕から48時間以内に検察官に送致され（刑事訴訟法203条），検察官は，被疑者を受け取ったときは，そこから24時間以内に，さらに被疑者の身体拘束を継続する必要があるかどうか，すなわち裁判官に勾留を請求するかどうかを決定する（刑事訴訟法205条）。

　勾留が認められるためには，①被疑者について，罪を犯したと疑うに足りる相当な理由があること，②勾留の理由（被疑者が，定まった住所を有しないか，罪証を隠滅すると疑うに足りる相当な理由があるか，逃亡しまたは逃亡すると疑うに足りる相当な理由）があること（刑事訴訟法60条1項），③勾留の必要があることが求められる。裁判官が，検察官の勾留請求を受けて，被疑者の陳述を聴いた（勾留質問）結果，これらの要件を満たすと判断した場合，被疑者は勾留請求の日から10日間勾留されることになる（刑事訴訟法208条1項）。勾留の期間は，検察官の裁判官に対する請求において「やむを得ない事由」があると認められれば，さらに10日間を限度として延長することが可能である（刑事訴訟法208条2項）。

　すなわち，警察に被疑者として逮捕された者は，逮捕から通算で最大23日間身体拘束され，検察官は，その間に，被告人について起訴をするかどうかを決めなければならず，もし起訴をしない判断とした場合には，直ちに被疑者を釈放しなければならない。なお，実務的には，検察官が逮捕・勾留された被疑者について起訴せず釈放する場合には，起訴しないという「不起訴処分」をした上で釈放する場合と，その段階では起訴するか否かを決めずにひとまず「処分保留」の状態で釈放し，後に処分を決定する場合とがある。

　また勾留の場所は，本来は刑事施設（刑務所，拘置所等）であるが，その代用として認められている警察署内の留置施設となるのが一般的である。

　勾留は，被疑者の身体拘束を長期間伴う点で重大な権利の制約となり得るから，裁判官の勾留決定に対しては準抗告という方法により不服申立てをするこ

32

とができる（刑事訴訟法429条）ほか，勾留理由開示（刑事訴訟法83条），勾留取消し（刑事訴訟法87条），勾留執行停止（刑事訴訟法91条）などの手続きが用意されている。

(8)　その他の捜査

　捜査機関は，被疑者を逮捕勾留して取調べをする以外にもさまざまな捜査を行う。

　たとえば，犯罪の捜査に必要な物的証拠を入手するための手段として「押収」があり，その内容は「差押え」と「領置」の2種類に分かれる。前者は，その物を所有，あるいは占有している者から，強制的にその物を入手する手続きであり，そうした強制を伴わないのが後者である。また，その押収の前提として，犯罪に関連する物を見つけるために，捜査機関が一定の場所，人の身体などを探す手続きが「捜索」である。物を探すだけではなく，たとえば被疑者の身長体重を測ったり，指紋を採ったりする手続きは「身体検査」と呼ぶ。

　また，犯行現場や関連する地点等について，その場所の様子を写真に撮影したり，距離や位置関係を測定したりする「実況見分」という捜査もほとんどの事件で必ずといってよいほど行われている。

　科学技術の発達に伴い，被害者の死亡原因や，犯行現場に遺留された体液等のDNA型，火災の原因等について，専門的な知識や経験等を有する専門家に依頼して判断と報告を求める「鑑定」も広く実施されている。

　組織的な犯罪などでは，犯行に関連する者どうしの通信・通話の内容を，当事者の了解なく捜査機関が傍受することが必要とされる場合がある。こうした「通信傍受」については，通信傍受法の定めるところに従って，一定の要件を満たした場合にのみ認められている。

　犯罪に関与していると思われる人物の行動を追跡したり監視したりする方法としては，刑事ドラマによく登場する「尾行」や「張込み」があるが，近年では，位置情報を検索可能な「GPS端末」を，被疑者や関係者の車両に秘かに取り付けてその行動を把握するという捜査手法が登場した。

　しかし，そのような捜査については，現行法上，これを認める法律が存在し

第1部　家族問題を理解するための法・心理・福祉

ていないことから容認されるべきではないとの問題が提起され，2017年に最高
裁判所は，プライバシー侵害にあたることを理由に立法がない現状で実施され
たGPS捜査について違法であるとの判断を示した。

(9)　刑事裁判

　法廷における刑事裁判の手続きは「冒頭手続」「証拠調べ」「論告・弁論」
「判決宣告」の4段階に分かれている。

①　冒頭手続
　法廷では，最初に，出廷した被告人が人違いでないか等を確認するために裁
判長による人定質問（刑事訴訟規則196条）が行われる。通常は，起訴状に記載
された氏名，生年月日，本籍，住所，職業を尋ねられる（刑事訴訟規則196条）。
　その後，検察官による起訴状の朗読が行われる（刑事訴訟法291条1項）。その
上で，裁判長は被告人に対し黙秘権を告知（刑事訴訟規則291条4項・197条）し
た上で，被告人と弁護人に被告事件についての意見陳述の機会を与える（刑事
訴訟法291条4項）。「罪状認否」とも呼ばれるが，起訴状について逐一認否する
義務はない。

②　証拠調べ
　証拠調べは，検察官が証拠によって証明しようとする事実を述べる冒頭陳述
（刑事訴訟法296条）からはじまる。なお，後述する公判前整理手続が行われた事
件では，弁護人も冒頭陳述をする義務がある（刑事訴訟法316条の30）。
　検察官は冒頭陳述に続けて，裁判所に証拠の取調べを請求する（刑事訴訟法
298条1項）。裁判官は，この請求に対して，被告人または弁護人の意見を聴い
た上で，その採否を決定する（刑事訴訟法299条2項，刑事訴訟規則190条2項）。
たとえば，検察官から被告人の犯行を目撃したという人物の供述調書が証拠と
して請求された場合，弁護人が不同意との意見を述べると，その供述調書は証
拠としては採用されない（伝聞法則・刑事訴訟法326条）。もっとも，そのような
ときは検察官から裁判所に対し，その人物が証人として請求され，法廷の証人

34

尋問で証言の信用性が判断されるのが通常である。

　書類が証拠として採用された場合には，その内容を法廷で朗読するのが原則だが（刑事訴訟法305条），実際には証拠の要旨を述べるだけの場合が多い（要旨の告知・刑事訴訟規則203条の２）。

　証拠調べ請求は弁護人からもでき，裁判所は，検察官の意見を踏まえてその採否を決定する。

　なお，黙秘権の保障と証人の宣誓義務・証言義務との兼ね合いなどから，被告人は証人としては扱われない。ただし，被告人が法廷で供述をした内容は証拠となるから，通常は弁護人が法廷で被告人に質問して供述を求めている（被告人質問・刑事訴訟法311条３項）。

③　論告・弁論・被告人の最終陳述

　証拠調べが終了すると，検察官が事実と法律の適用についての意見を述べ（論告・刑事訴訟法293条１項），最後に具体的に科すべき刑の内容と重さについても意見を述べる（求刑）。弁護人も意見を述べ（弁論・刑事訴訟法293条２項），被告人にも最終陳述の機会が与えられ（刑事訴訟規則211条），審理が終結する。

④　判決宣告

　以上の手続きは事実関係に争いのない単純な事件であれば１回の公判期日で１時間以内に終えることもめずらしくない。他方で，争いのある事件では複数回の期日にわたって行われることもある。判決は，多くの場合，審理が終結した期日とは別の期日に公開の法廷で言い渡される（刑事訴訟法342条）。判決の際には有罪か無罪か，有罪の場合には刑罰の内容と重さ等が主文として告げられ，その理由の要旨が述べられる（刑事訴訟規則35条）。

⑤　裁判員裁判，公判前整理手続

　裁判員裁判により審理される事件でも基本的な流れは同じであるが，裁判官３名に裁判員６名が加わって計画的・集中的に審理を行うため，公判に先立って争点と証拠の整理をするため公判前整理手続（刑事訴訟法316条の２以下）が必要的に行われる。公判前整理手続では，検察官と弁護人が，公判に先立ち，公

第1部　家族問題を理解するための法・心理・福祉

判で主張する予定の事実を明らかにし，それを立証するための証拠調べの請求
も同手続の中でなされる。また，同手続では，争点と証拠の整理を充実させる
ため，検察官には弁護人の請求に応じて一定の証拠を開示することが義務づけ
られており，この証拠開示制度の存在という点で，公判前整理手続は弁護側が
防御の準備をする上で有用な制度といえる。そのため，裁判員裁判の対象では
ない事件でも弁護人から裁判所に同手続に付すように裁判所に請求することも
ある。

⑽　被害者支援

　犯罪の被害者は心身の被害とともに大きな不安を抱えている。その権利を擁
護し支援する制度はさまざまであるが，たとえば以下のようなものがある。

①　相談等による支援
　警察では，各都道府県警察に犯罪被害の相談窓口を設けている。また，犯罪
被害の中でも特に被害者が周囲に相談して支援を求めることが困難なことの多
い性犯罪の被害については，性犯罪の被害相談電話窓口を用意し，被害全国統
一の短縮番号から同窓口につながる仕組みを導入している。
　全国の地方検察庁には，同様に電話による相談や問い合わせのために専用電
話を設け，犯罪被害者支援にかかわる被害者支援員が配置されている。
　また，日本司法支援センター（法テラス）でも被害者支援のための専用ダイ
ヤルを設けて，被害者支援に精通した弁護士を紹介する制度を用意している
上，弁護士費用についても一定の要件の下で援助している。
　全国各地の弁護士会には被害者支援に取り組む弁護士による相談窓口が設
けられており，被害者の立場に寄り添う熱心な支援活動がされている。
　その他，全国の自治体や民間の支援団体によっても被害者の相談に対応し支
援するさまざまな取組みがなされている。

②　捜査や裁判についての支援
　被害届の提出や告訴など，犯罪の被害者が捜査機関にその事実を申告した

2 犯罪と刑法・刑事手続の基礎知識

り，犯人の処罰を求めたりすることには多大なエネルギーを要する。そもそも一般市民には捜査の手続きがどのように進むものなのかの知識もない。警察や検察庁では前述のとおり被害者を支援する取組みがなされているが，必ずしも個々の担当者が被害者の要望に応えられるとは限らない。そのため，捜査の場面で被害者を法的な側面から支援するために弁護士が果たす役割は大きい。また，重大な事件や特殊性のある事件では，マスコミ報道やインターネットによって被害者のプライバシーが興味本位に取り上げられることが少なくない。こうした行為から被害者を守るためには弁護士による対応が必要不可欠である。

裁判の場面では，2008年12月1日に導入された被害者参加制度によって，一定の重大事件では刑事訴訟の手続きに犯罪の被害者やその遺族等が「被害者参加人」として参加することが認められた。同制度導入以前にも被害者が刑事法廷に立つことはあったが，その多くは，検察官が被害状況や被害感情を法廷で証言させるための証人等としてであり，より主体的な参加が同制度の下で実現することになった。

具体的には，被害者参加人は，公判期日に法廷で検察官の隣などに着席して，法廷の行方を見守ることができるようになった（刑事裁判は公開の法廷で行われるため，被害者参加をしない被害者でも法廷を傍聴することはできるが，その場合は一般の傍聴人と共に傍聴席からの傍聴となる）。被害者参加人は検察官の法廷での活動について意見を述べたり，一定の場合に証人や被告人に質問をしたりすることも可能である。さらに，証拠調べが終わった後の検察官の論告や弁護人の弁論の際に，被害者参加人として事実または法律の適用についての意見を述べることが可能である（そのため，たとえば検察官が無期懲役を求刑した場合でも，被害者参加人としては死刑を求めることもできる）。

被害者参加制度は，被害者の意見を直接刑事裁判に反映させるという点で，被害者を支援する重要な制度といえるが，法的な知識のない被害者が検察官等とスムーズに意思疎通を図り，その意見を刑事裁判に反映させるためには，弁護士が被害者参加人を援助することが望ましい。この点，被疑者や被告人には国費による国選弁護人制度があるのと同様に，経済的な余裕の乏しい被害者参加人にも国費による被害者参加弁護士による国選弁護制度が用意されている。

第1部　家族問題を理解するための法・心理・福祉

　その他，刑事訴訟法では，被害者参加人かどうかにかかわらず，犯罪被害者の氏名等を法廷で秘匿する制度や，犯罪被害者の証人尋問の際に傍聴席や被告人と被害者の間を遮蔽したり，別室でビデオ中継により尋問をしたりするなどの被害者保護の措置も用意されている。

　また，犯罪被害者が，できるだけ少ない負担で加害者への損害賠償請求権を行使できるように，刑事事件を担当した裁判所が，有罪判決の後，そのまま引き続き民事事件としての損害賠償についての審理を行う損害賠償命令制度や，刑事裁判の調書に，被害者と被告人の被害弁償についての合意内容を後日の強制執行が可能な形で書面化しておく刑事和解制度も被害者を支援する制度といえる。

【参考文献】
　井田良（2008）『講義刑法学・総論』有斐閣。
　武内謙治（2015）『少年法講義』日本評論社。

（岩本憲武）

# 家族の危機を理解する
ための基礎知識

(1) 民法の基礎，民法改正の動向など

① 市民生活の法

　市民生活を送る中で，物やサービスを売買し，家を貸し借りするなど，多くの取引・契約を行い，期日までに金銭を支払う，約束の物を引き渡すなど，一定の権利・義務の関係（債権債務関係）が生じている。このような取引は常に問題なく行われるとは限らない。代金を払ったが，相手が商品を送ってこない，手元に届いたが，注文した商品ではない（デザインが違う，壊れていた，数が足りない等），家を貸したら，家賃が滞っている，知らないうちに又貸しされていたなど，トラブルが生じることがある。そのようなトラブルを解決するためのルールとして，日常生活の中で生じた利害の対立を調整する方法を明らかにしているのが民法である。古くから「社会ある所に法あり」といわれ，さまざまなルールが蓄積されて民法の条文ができあがっている。民法は，市民一般の法律関係を規律する最も身近な法律で，自由主義思想に基づいた市民社会のルールであり，私法の基本法である。

② 民法の構成

　民法は，第1編「総則」（1～174条の2）に，意思表示，人，法人，物，法律行為，条件・期限，期間，時効など，民法全体に共通するルールを集約している。
　第2編「物権」（175～398条の22）と第3編「債権」（399～724条）を総称して，「財産法」と呼ぶ。物権とは，物に対する支配権，つまり，一定の物を直接支配して利益を受ける排他的な権利（占有権，所有権，抵当権，質権，地上権など）をいい，実際には，人と人とが「物をめぐって」争うことになる。債権とは，

特定の人に対して，一定の行為を要求する権利をいい，債権の発生原因には，契約（贈与，売買，賃貸借等，民法では13種類の典型契約を規定），事務管理，不法行為，不当利得がある。

第4編「親族」（725〜881条）と第5編「相続」（882〜1050条）を総称して，「家族法」と呼ぶ。親族編では，婚姻，離婚，養子縁組など，夫婦や親子など身分上のつながりを有する親族に関する定めがなされており，相続編では，死亡した人（被相続人）が，生前に所持していた財産を，誰に，どのように受け継がせるかという「相続」に関する定めがなされている。

③　近代私法の三大原則

三大原則は，私的自治の原則，所有権絶対の原則，過失責任の原則の3つから成り立つとされる。

(a)　私的自治の原則

私法上の法律関係について，当事者は，自由意思に基づき，自律的に形成することができる。さらに，法律行為自由の原則（契約自由の原則，社団設立自由の原則，遺言自由の原則が典型）が導かれる。契約自由の原則とは，人が社会生活を営むに際し結ぶ契約は，公の秩序や強行法規に反しない限り，当事者が自由に締結できるというもので，①契約締結の自由（契約を結ぶか否か），②契約相手方の自由（誰を契約の相手方にするか），③契約内容の自由（金額や支払い方法など，契約の中身に何を盛り込むか），④契約方式の自由（合意のみで契約は成立するが，さらに書面化するか否か）の4つに分類できる。

(b)　所有権絶対の原則

所有権とは，物に対して何らの制約も受けない完全な支配権である。所有者は，物を自由に使用・収益・処分することができ，侵害するあらゆる他人に対して主張することができる。

(c)　過失責任の原則

行為者に故意・過失がなければ，損害を与えたとしても，損害賠償責任を負うことはない。

(d)　三大原則の修正

近代市民社会においては，市民は自由で対等な存在であるから，市民間で生

じた問題は互いに交渉して解決せよというのが原則であったが，資本主義経済の発展に伴い，貧富の格差の拡大，富の独占や公害などの社会問題が発生したため，立場の弱い側を保護する必要性や社会的な共同生活の利益を重視する「公共の福祉」の思想の導入により，三大原則も修正されていくことになる。たとえば，契約自由の原則は，公序良俗だけでなく，労働基準法，借地借家法，利息制限法，出資法，消費者契約法などにより制限され，所有権絶対の原則は，公共の福祉の思想から権利の濫用が禁止され，建築基準法などにより制限されている。過失責任の原則は，科学技術の進歩，交通機関の発達に伴い，損害の公平な分担や被害者の救済のため，最終的に責任を負うべきなのは誰か，過失を立証すべきなのは誰かなどの修正がされている。たとえば，使用者責任（715条）は，企業活動によって利益を得ている者は，それによって生じた損害も負担すべきという「報償責任」の考え方であり，土地工作物の責任（717条），動物占有者の責任（718条），製造物の製造者の責任（製造物責任法），公の営造物の設置・管理の責任（国家賠償法2条）などは，危険なものを扱う活動をする者は，それによって生じた損害も負担すべきという「危険責任」の考え方である。このように，民法などでは，無過失責任やそれに近い運用がなされている。

(e) そのほかの基本原則

　そのほかにも，民法1条には，民法全体に妥当する基本原則が定められている。自分に権利があることをいいことに，相手を困らせることだけを目的として権利行使をする場合や，本人に悪気はなかったとしても，権利を行使することで得られる権利者個人の利益と，相手方や社会全体に及ぼす害悪とを比べた結果，その権利の行使が許されない場合もある（権利濫用の禁止：1条3項）。また，社会的な共同生活の利益に反して生活をすることは許されないし（公共の福祉：1条1項），自分とかかわりをもつ人の信頼を裏切ることのないよう，誠意をもって行動することも大切である（信義誠実の原則／信義則：1条2項）。信義則は，民法の個々の条文をそのまま適用したのでは不当な結果が生じてしまう場合などに弾力的な解決ができるよう，法律の規定のない部分を補充し，さらには法律を形式的に適用することによって生じる不都合を克服するという機能を営む。さらに信義則から，禁反言の原則（自己の行為に矛盾した態度を取る

第1部　家族問題を理解するための法・心理・福祉

ことは許されない），クリーンハンズの原則（自ら法を尊重する者だけが，法の保護を要求できる），事情変更の原則（契約締結当時の社会的事情や契約成立の基礎となった事情の後に著しい変動を生じ，契約をそのまま強制することが信義公平に反する場合にはその破棄や変更を求めることができる）といった派生原理も生じている。

④　私権の享有主体と民法上の能力──権利能力，意思能力，行為能力

　私権の享有主体は自然人と法人である。私法上の権利・義務の帰属主体となることのできる資格を権利能力といい，全ての個人が平等に有している（権利能力平等の原則）。自然人が権利能力を有するのは出生から死亡までの間である（3条1項・882条・31条）。例外として，出生前の胎児は，生きて生まれることを条件に（停止条件），損害賠償請求や相続，遺贈をすることができる（721条・886条・965条）。

　私たちは，市民生活を送るにあたり，個々人の自由な意思を尊重する一方，自らの自由意思により決定したことの結果について責任を負う（自らした行為によって法的に拘束される）。その前提として，自らの行為の意味を理解する能力（意思能力）が備わっている必要がある。意思能力とは，一般には7〜10歳くらいの精神的能力とされる。意思能力の有無は，個別の事案ごとに具体的に判断され，精神上の障害によって，または，飲酒・薬物の服用によって意思能力を有しない者の法律行為は無効となる。このルールは，判例・通説で認められてきたが，2017年改正で明文化された（3条の2）。

　しかし，実際の経済活動の場面において，全ての個人を法的に全く平等に取り扱うことは却って不平等な結果を招くことになる。子どもや精神上の障害がある者などのように，取引行為を行うための十分な判断能力を有しない者も存在するからである。そこで，取引の安全を図り，判断能力の不十分な弱者を保護するために，制限行為能力制度が設けられた。行為能力とは，単独で完全に有効な法律行為をすることのできる能力ないし資格をいう。民法では，年齢や家庭裁判所の審判といった形式的な基準によって一定の範囲を定め，次の者の行為能力を制限している。①未成年者（4〜6条）は，一定の年齢（20歳，2022年4月1日より18歳）で一律に分け，その年齢に達しない者（未成年者）の行為能力が制限される。②成年被後見人（7〜10条），③被保佐人（11〜14条），④被

補助人（15～18条）の三者については，精神上の障害により事理を弁識する能力（事理弁識能力：たとえば，自分の行った行為の意味やその結果どのような効果が生ずるかを理解する判断能力）の程度によって，親族など本人と一定の身分関係にある者からの請求により，家庭裁判所の審判に付され，一定の行為能力が制限される。事理弁識能力を「欠く常況」にある場合は②成年被後見人として成年後見人を付け，「著しく不十分」な場合は③被保佐人として保佐人を付け，「不十分」な場合は④被補助人として補助人を付けることとなる。

　一方，法人は，法律の規定によらなければ成立しない（法人法定主義：33条1項）。法人には，人の集まり（社団）と，財産の集まり（財団）がある。法人制度は当初，民法が規律する公益法人と商法が規律する営利法人とに二分されていたが，2001年の中間法人法，2006年の公益法人制度改革関連三法の制定により，広く非営利目的の団体一般にも法人格取得の道が開かれることとなった。法人の例とその根拠法として，会社（会社法），一般社団法人・一般財団法人（一般社団法人及び一般財団法人に関する法律），NPO法人（特定非営利活動促進法），学校法人（私立学校法），宗教法人（宗教法人法），医療法人（医療法），社会福祉法人（社会福祉法）などがある。

⑤　民法の改正と判例変更

(a)　財産法の改正

　現代の市民生活や経済取引の実情に合わせるため，2017年，財産法，特に契約に関する規定について，300項目以上に及ぶ大規模な改正がなされた（一部は2018年改正。2020年4月1日施行）。

【財産法の主な改正点】
- 成人年齢を20歳から18歳に引下げ（4条：2022年4月1日から有効）
- 債権の消滅時効期間を5年に短縮（166条）
- 人の生命・身体の侵害による損害賠償請求権の消滅時効を20年に（167条）
- 法定利率を当初は年3％の変動制に変更（404条）
- 個人保証人の保護（446～465条の4）……不測の損害や予期しない責任拡大の防止
- 定型約款に関する規定（548条の2～4）

(b)　家族法の改正と最高裁の判断

日本では，第二次世界大戦前まで，家父長的で封建的な「家制度」が採用さ

第1部　家族問題を理解するための法・心理・福祉

れていた。「戸主」と「家族」から構成される「家」は，1つの戸籍に登録さ
れ，戸主には家の統率権限が与えられた。女性には選挙権もなく，さらに，婚
姻した後は「準禁治産者」（現在の被保佐人）と同等の扱いをされ，行為能力を
制限されていた。戦後，普通選挙の施行（女性への参政権付与）と日本国憲法の
制定（個人の尊重，男女平等，婚姻の平等など）に伴い，1947年，家族法も大規模
に改正され，個人主義的な家族観へと転換していった。婚姻する両当事者は，
互いに実家の籍を抜け，新たな戸籍を2人で創設し，どちらか片方の姓（氏）
を選択するようになった（750条）。

　2018年改正では，成人年齢が18歳に変更される（4条）ことと合わせ，婚姻
適齢も男女ともに18歳に統一された（731条）。そのため，未成年者の婚姻の際
に必要とされていた父母の同意要件（737条）も削除され，改正法施行後は，18
歳になれば互いの合意のみで婚姻できるようになる。

　さらに，国際的には同性婚を認める国も約3分の1まで増えてきており，日
本でも2019年2月に，同性婚を認めないのは法の下の平等や婚姻の自由に反す
るとして，国を相手取って，全国各地で一斉に訴訟が提起されている。その
他，家族法に関連する主な裁判例と概要は以下のとおりである。

判例1　非嫡出子相続分違憲決定
（最高裁判所平成25年9月4日大法廷決定民集67巻6号1320頁）

　法定相続分を定めた民法900条4号但し書きは，非嫡出子（法律上の婚姻関係に
ない男女の間に生まれた子）の相続分は，嫡出子の相続分の2分の1と定めてい
た。最高裁は，この規定について，法律婚の尊重と非嫡出子の保護の調整を図った
ものであり，立法理由との関連において著しく不合理であるとまでは断定できない
とし（最高裁判所平成7年7月5日大法廷決定民集49巻7号1789頁），立法政策と
しての改正を促したが，立法府で改正が検討されることはなかった。

　その後，再び訴訟が提起され，2013年，最高裁は，家族の形や結婚，家族に対す
る意識の多様化，海外の情勢を背景に，子が自ら選び，正せない事柄を理由に不利
益を及ぼすことは許されないとの考えが確立されてきたとして，民法900条4号但
し書きについて，遅くとも2001年7月当時（本件訴訟の相続が開始した時期）にお
いて，法の下の平等を定める憲法14条1項に違反していたと判断した。その後，
2013年12月5日に，民法の一部を改正する法律が成立し，嫡出でない子の相続分が
嫡出子の相続分と同等となった（同月11日公布・施行）。

3　家族の危機を理解するための基礎知識

判例2　再婚禁止期間訴訟

（最高裁判所平成27年12月16日大法廷判決民集69巻8号2427頁）

父性推定の混乱を防ぐために，女性のみ6カ月の再婚禁止期間を定めている民法733条が，法の下の平等や婚姻における両性の平等に反するとして争われた訴訟において，最高裁は，医療や科学技術が発達した今日においては，再婚禁止期間は100日間もあれば十分であるとして，100日を超える部分を違憲とした。その後，2016年6月1日，民法の一部を改正する法律が成立し，女性の再婚禁止期間が前婚の解消または取消しの日から起算して100日に短縮されるとともに，再婚禁止期間内でも再婚することができる場合（女性が離婚時に妊娠していない場合，および離婚後の妊娠であることに対する医師の証明があれば，100日経過前でも再婚を認める）について明らかにされた（同年6月7日公布・施行）。

判例3　夫婦別姓訴訟

（最高裁判所平成27年12月16日大法廷決定民集69巻8号2586頁）

1980年代以降，夫婦同氏原則を定めた民法750条の合憲性を争う訴訟が複数提起されたものの，民法750条は合理性を有するものと判断されていた。1991年には，法制審議会が婚姻・離婚制度の見直しに着手し，1994年に「民法改正要綱試案」，1996年に「民法の一部を改正する法律案要綱」を答申した。この要綱に選択的夫婦別姓制度が規定されていた。選択的夫婦別姓制度については，当時の世論調査でも一定の支持を得ていたものの，家族が崩壊する，親子の絆が壊れる，日本の伝統や文化に反するなど主観的な批判が繰り返され，政府は1996年の答申を国会に上程しないまま，現在に至っている。

2015年には，民法750条が憲法13条，14条，24条に反すると主張した夫婦別姓訴訟において，夫婦同氏制度は「直ちに個人の尊厳と両性の本質的平等の要請に照らして合理性を欠く制度であると認めることはできない」と判断されている。多数意見では，婚姻に際して氏を改める者が，アイデンティティの喪失や個人識別機能が害される不利益，個人の信用，評価，名誉感情の喪失といった不利益を負うことは認めたものの，「氏の通称使用が広まることで一定程度は緩和され得るもの」とした。

いかなる制度もすべての人が満足する制度を構築することはきわめて困難である。制度が合理的か否かの判断ではなく，制度によって苦痛を受け，不利益を被る人にまでその制度を強制することに合理性があるか否か，例外を許さないことに合理性があるか否か，その制約として正当化し得るかを検討する必要がある。夫婦同氏制度は，日本人同士の法律婚にのみ適用され，外国人と法律婚した場合（いわゆる国際結婚）は別姓が原則となるなど，当事者が所持する国籍によって差異が生じている。そして，たしかに，民法750条は，形式的には性中立的な規定であるが，

45

第1部　家族問題を理解するための法・心理・福祉

現実には社会的な圧力もあり，夫の姓を採用する夫婦が96％以上となっており，国連からも数度にわたって性差別的な規定であるとの勧告がなされている。夫婦同氏制度が，特定の人種や性に属する人に不利な効果・影響をもたらすならば違法な差別，つまり間接差別にあたるのではないだろうか。現在も別の夫婦別姓訴訟が係属中であり，今後の動向に注目する必要がある。

(c)　相続法の改正

　高齢化の進展などの社会環境の変化に対応するため，2018年7月，1980年以来の大規模な相続法改正が行われた（原則として2019年7月1日に施行）。

　主な改正点としては，特に，配偶者居住権・配偶者短期居住権の創設により，配偶者が相続開始時に被相続人の所有する建物に住んでいた場合，終身または一定期間，その建物を無償で使用でき，残された配偶者が自宅に住み続けられるようになったこと（1028〜1041条，2020年4月1日施行），自筆証書遺言の方式の緩和により，パソコン等で作成した財産目録の添付を認め，遺言作成時の負担が軽減されることとなったこと（968条，2019年1月13日施行），遺言書の改変，滅失のおそれ防止のため，公的機関（法務局）における自筆証書遺言の保管制度が創設されたこと（遺言書保管法，2020年7月10日施行），遺産分割前の払戻し制度の創設により，相続された預貯金債権を遺産分割前にも払戻しできるようにし，資金需要に対応したこと（909条の2），「特別の寄与」制度を創設し，被相続人の療養看護などで貢献した親族による金銭請求を可能にしたこと（1050条，家事事件手続法216条の2〜5）などがあげられる。

(2)　DV とストーカー──法的視点から

①　ドメスティック・バイオレンス（domestic violence）とは

　ドメスティック・バイオレンス（以下，「DV」）は，古くて新しい問題である。明確な定義はないものの，日本では，「配偶者や恋人など親密な関係にある，またはあった者からふるわれる暴力」という意味で用いられることが多い。DV は，家庭内など私的な空間で，反復継続的に行われることが多いため，表面化しにくいという特徴があり，家庭の中のことに国家や法は口を出すべきでないとして，「単なる夫婦喧嘩」や「夫から妻への躾」と軽視され，放

46

3 家族の危機を理解するための基礎知識

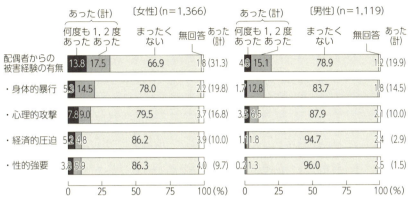

図表3-1 配偶者からの被害経験

出典：内閣府男女共同参画局「男女間における暴力に関する調査」平成30年3月，図2-1-2より作成
(http://www.gender.go.jp/policy/no_violence/e-vaw/chousa/pdf/h29danjokan-4.pdf)

図表3-2 DVセンター・警察への相談件数の推移

内容	相談先	2002	2004	2006	2008	2010	2012	2014	2016	2017	2018
DV	DVセンター	35,943	49,329	58,528	68,196	77,334	89,490	102,963	106,367	106,110	—
	警察	14,140	14,410	18,236	25,210	33,852	43,950	59,072	69,908	72,455	77,482
ストーカー	警察	12,024	13,403	12,501	14,657	16,176	19,920	22,823	22,737	23,709	21,556

出典：内閣府「配偶者からの暴力に関するデータ」(2018年9月28日)，警察庁「平成30年におけるストーカー事案及び配偶者からの暴力事案等への対応状況について」(2019年3月28日)をもとに筆者作成。

置されてきた。しかし，1995年の第4回世界女性会議（北京），2001年のDV防止法（配偶者からの暴力の防止及び被害者の保護等に関する法律）制定などを機に，これまで存在していた家庭内での出来事に「DV」という名が付いたことで社会的認知が進み，さまざまな調査研究や支援等の取組みが行われるようになった。内閣府調査によると，女性の3人に1人が配偶者からの被害経験があり（図表3-1），DVの相談件数も年々増加傾向にある（図表3-2）。

「暴力」は，身体的な暴力だけでなく，心理的，性的，経済的，社会的なものなどさまざまな形で複雑に重なり合っている。行為の1つひとつは大したものではなくても，反復継続，エスカレートしていくことで，被害者は，身体にも心にも大きな傷を負う。なお，保護命令の対象となる行為については，身体に対する暴力または生命等に対する脅迫のみを対象としている。「配偶者」に

第1部　家族問題を理解するための法・心理・福祉

は事実婚・元配偶者も含む。2013年改正より，生活の本拠を共にする交際相手からの暴力についても準用されることとなった。被害者を女性に限定するものではないが，被害者の多くは女性である。

②　暴力の原因と影響

　暴力の原因としては，「家内」，「奥さん」などの言葉にも表れるように，「主人を立てて，家の中を守る良き妻であるべき」という性別役割分担意識，「夫が"躾のために"，妻に対して暴力をふるうのはある程度は仕方がない」，「暴力をふるわれるようなことをした方にも原因がある」，「家の恥を外に出すべきでない」といった社会通念や，子育てや介護などの無償労働（アンペイド・ワーク）に従事することの多い妻側に収入がない，仕事をしていてもパート労働や非正規雇用のため，収入が低い場合が多いといった男女の経済的格差や女性が経済的に自立することが難しい状況など，社会構造の問題も大きく関係している。DV 被害者には，「逃げたら何をされるかわからない」という恐怖感，「誰も助けてくれない」，「逃げても無駄」といった無力感，「束縛するのは愛されているから」，「いつか変わってくれるかも」などの複雑な思いもある上に，経済的な問題，子どもの問題，離婚に伴う法的手続など，簡単には逃げられない実情がある。

　親密な間柄や家庭という「密室」で起きる DV や，女性に対する暴力をなくし，男女が社会の対等なパートナーとしてさまざまな分野で活躍するためには，こうした社会構造が暴力を許す温床として被害を潜在させてきたことを認識し，社会を変えていく必要がある。

③　暴力の構造

　DV の暴力の構造を示したものに，パワーとコントロール（権力と支配）の車輪がある（ドゥルースモデル）。図表3-3（権力と支配の車輪）では，権力と支配を軸に，道路が平坦であるほど車輪は滑らかに回る。つまり社会が，性別役割分担意識が強い，男性優位社会で女性の経済的自立が困難な社会（男女の賃金格差が大きく，女性が社会参加・出世しにくいなど職場環境や社会環境の不備），家制度からくる家父長制の価値観・慣習，結婚・離婚に対する社会通念，個人単位

3 家族の危機を理解するための基礎知識

図表3-3 権力と支配の車輪と平等の車輪

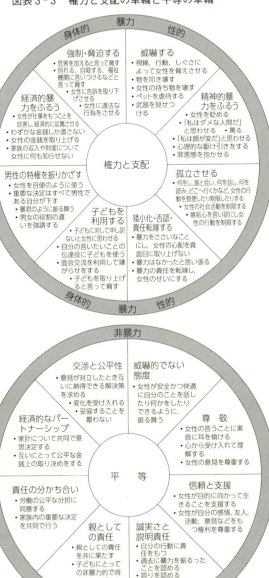

出典:「権力と支配の車輪と平等の車輪」(『暴力男性の教育プログラム ドゥルースモデル』誠信書房, 2004年) SORAのHPより一部修正して転載 (http://here-now.gonna.jp/wheel.html)

第1部　家族問題を理解するための法・心理・福祉

でなく世帯単位での諸制度（社会保険，住民票など），被害者への援助システム
が不十分な社会であればあるほど，被害者は声を上げにくくなり，支援は届き
にくくなる。それに対して，**図表3-3**（平等の車輪）では，夫婦や恋人など親
密な間柄にある者が，互いを信頼・尊敬し合い，責任を分かち合って共同で生
活していく様子を示している。

④　デートDVの問題

　いつも恋人の顔色・態度をうかがっている，自分のいいたいことはいつも我
慢している，電話や行動の束縛がすごい，SNSの返事はすぐしないと怒られ
る，など暴力を含む関係があっても，恋愛経験が少ない若い世代は，「愛され
ているから」，「これが普通」と思い込んでしまうなど，被害自体に気づきにく
いことがある。DV防止法では，保護の対象を事実婚・配偶者や生活の本拠を
共にする交際相手に限定しているため，交際相手によるデートDVについて
は，ストーカー規制法に基づく必要があるが，交際相手からの暴力被害経験も
多く報告されている。

　内閣府男女間の暴力被害に関する調査（2017年）では，「交際相手がいた（い
る）人」（1833人）に，身体的暴行，心理的攻撃，経済的圧迫，性的強要の4つ
の行為を受けたことがあるかについて聞いたところ，女性21.4％，男性11.5％
に被害経験があった。交際相手との同居経験がある人（250人）では，女性57.4
％，男性27.3％に被害経験があった。命の危険を感じた経験（306人）は，女性
21.3％，男性12.1％であった。交際相手から何らかの被害を受けた人（306人）
のうち，生活上の変化があったのは，女性72.5％，男性46.5％で，変化内容は
「自分に自信がなくなった」（25.8％），「夜，眠れなくなった」（19.0％），「携帯
電話の電話番号やメールアドレス，SNSのアカウントを削除・変えた」（17.3
％），「人づきあいがうまくいかなくなった」（14.7％）などとなっている。交際
相手からの被害があった人（306人）のうち誰かに相談した経験は，女性が61.8
％，男性が43.4％であるものの，その相談先は，友人・知人（47.4％），家族・
親戚（17.3％），職場関係者（8.2％）であり，警察，医療関係者，専門の相談機
関に相談する人は1～2％程度であった。また，「誰にもどこにも相談しない」
が女性35.7％，男性52.5％であり，相談しなかった理由（複数回答）は，「相談

するほどではないと思った」(32.5%),「相談しても無駄だと思った」(21.4%),「自分さえ我慢すれば何とかやっていけると思った」(21.4%),「自分にも悪いところがあると思った」(21.4%),「恥ずかしくて誰にも言えなかった」(19.8%)となっている。また,交際相手から被害を受けたときの行動(306人)は,「別れた」が女性56.0%,男性37.4%,「別れたいと思ったが別れなかった」が女性19.8%,男性22.2%となっている。

若年層のデートDVでは,別れ話を切り出した後,「性的な私的画像をばらまく」などと脅されるケースも多くあり,SNSやネットのリテラシーについてきちんと学んでおく必要がある。デートDVは男女共に被害があるものの,「命の危険」を感じるまでの被害を受けているのはやはり女性が多く,その意味では,DV問題と同様に社会全体で対応する必要がある。また,内閣府も若年層を対象とした交際相手からの暴力の予防啓発教材(「人と人とのよりよい関係をつくるために」)を発表しており,各自治体でも若年層への暴力防止教育への取組みが進んでいる。

⑤ DV防止法の仕組み

2001年に,議員立法により成立したDV防止法は,配偶者暴力相談支援センター(いわゆるDVセンター)の設置と保護命令制度を大きな柱に,DV被害者の救済と保護を図る制度である。DVセンターは,都道府県(設置義務)や市町村(努力義務)の婦人相談所など適切な施設がDVセンター機能を果たし,相談または相談機関の紹介,カウンセリング,緊急時の安全確保・一時保護,自立生活促進や保護命令制度,一時保護施設の利用についての情報提供その他の援助を行っている。

暴力により,生命・身体に重大な危害を受けるおそれが大きいときは,被害者が地方裁判所に申し立てることで,裁判所は,配偶者に対して,6カ月の接近禁止命令(被害者または被害者の子・親族に対するもの)と電話等禁止命令(被害者本人へのFAX,メール等の禁止),2カ月の退去命令を発令することができる。保護命令の申立てには,原則として,DVセンターか警察で被害相談をしている必要がある。命令違反に対しては,刑事罰として,1年以下の懲役または100万円以下の罰金が科される。なお,保護命令違反による検挙件数は,

第1部　家族問題を理解するための法・心理・福祉

2012年の121件を境に，2017年で80件と減少傾向にある。

⑥　ストーカー（stalker）

1999年，埼玉県桶川市で桶川ストーカー事件が発生した。女子大学生が，元交際相手から暴力を受けたために別れ話を切り出したが，相手がこれを受け入れず，兄らと共に女性を脅迫し，家族へ金の要求，自宅周辺や父親の職場に誹謗中傷のビラを撒くなどした後に，通学途中の女性の殺害を依頼し，実行犯が桶川駅で実行したというものである。この事件では，被害相談を受けていた警察の捜査の怠慢も問題となり，国家賠償訴訟にも発展した。この事件を機に，2000年に，議員立法によりストーカー規制法（ストーカー行為等の規制等に関する法律）が制定された。「ストーカー」とは，同一の者に対し，つきまといなどを反復してすることを指し，「つきまといなど」とは，恋愛感情その他の好意やそれが満たされなかったことに対する怨恨から，相手やその関係者に対して，つきまとい・待ち伏せ，監視していると告げる，面会・交際の要求，乱暴な言動，無言電話・連続電話，汚物等の送付，名誉を害する，性的羞恥心を害する，のいずれかの行為をすることを指す（2条）。

ストーカー事案の相談件数は，徐々に増加し，2018年で2万1556件となっている（**図表3-2**）。被害者は，女性88.3%，男性11.7%と圧倒的に女性が多く，加害者は，女性11.9%，男性82.7%と圧倒的に男性が多い。被害者と加害者の関係は，配偶者7.4%・交際相手44.8%と半数以上を占めており，面識なし7.4%・行為者不明7.8%を除き，8割以上が面識ありとなっている。

DV防止法における被害者保護は，本人の申立てにより，裁判所が保護命令を発令するのに対して，ストーカー規制法では，警察および公安委員会が判断して警告・命令を出すという違いがあるが，ストーカーの半数以上はDV型（配偶者・交際相手）であり，DVとストーカーにおける被害者保護および加害者介入は同様の方法や手続きを踏んで行われるべきとの指摘がある。

また，SNSなどの利用の広がりにより，ストーカー被害のあり方も変化してきていることに加え，頻発するストーカー殺人事件を受けて，国は，ストーカー規制法を改正し，ストーカー規制の対象を拡大し，罰則の強化を行っている。警察も，被害者への防犯指導，加害者への指導警告，さらには刑法・その

3 家族の危機を理解するための基礎知識

図表 3-4 警察によるストーカー対策と DV 対策の流れ

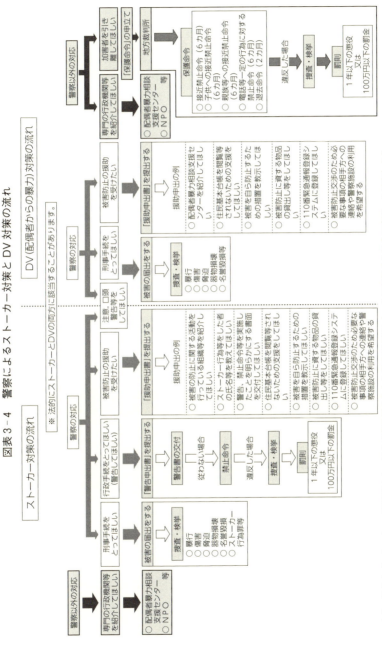

出典：警察庁「ストーカー・配偶者からの暴力事案を始めとする恋愛感情等のもつれに起因する暴力的事案への対応」より
https://www.npa.go.jp/safetylife/seianki/270622seianki-renmotu.pdf

第1部　家族問題を理解するための法・心理・福祉

他の特別法やストーカー規制法違反での検挙を行うなどのほか，生活安全局に加えて刑事局も対応部局とし，被害の程度とは別に，加害者の内面の危険度を「危険度チェックシート」を用いて対応している（図表3-4）。

DVやストーカーの事案では，危険度はおおむね3段階に分けられるとされる。復縁を希望する段階では「お願い」に留まるので，さほど危険性はないが，それが満たされないとわかると，復縁について一縷の望みを残しながらも，これまでの付き合いでかかった費用の請求などの「要求」に移行する。相手はこれを正当な要求であると考えているので，それを無視し続ける，警察等の第三者の介入があると，「怨恨」の段階に移行し，自殺または名誉毀損や不法侵入，殺害など，自傷他害のおそれがある。DV・ストーカー事案では，被害の程度および加害者の心理状態がどの段階なのかを適切に判断して，被害者の保護，加害者への介入を行っていく必要があるとされている（小早川 2014）。

(3)　ストーカーの心理

ストーカーの第1の特徴は，自分こそが被害者だと思っていることである。相手（つまりストーカーの被害者）が，自分を苦しめる加害者であり，自分こそが本当の被害者だと確信しているのである。精神科医の福井（2014）はストーカーに共通するものとして，「揺るぎなき被害者感情」をあげている。また，小早川（2014）も，この被害者意識を強調する。

ここでは，実際にあったストーカー殺人事件，2例を素材に，ストーカーの心理を検討してみたい。

①　ストーカー殺人事件

事例1　桶川ストーカー殺人事件

1999年10月26日に埼玉県桶川市のJR東日本高崎線桶川駅前で被害者が殺害された事件である。ストーカー行為の中心人物，Kは2000年1月27日に北海道の屈斜路湖において水死体となって発見され，警察により自殺と断定された。

54

3 家族の危機を理解するための基礎知識

事例2　逗子ストーカー殺人事件

　2012年11月6日，神奈川県逗子市のアパートでフリーデザイナーのB（当時33歳）が刺殺され，加害者である元交際相手，H（当時40歳）は同じアパートの2階の出窓にひもをかけ，首吊り自殺した事件である。

　この2つの事例に共通するのは，いずれも加害者が自殺するという結末に至っていることである。これは加害者2人が共に精神的に大きな不安定さを抱えていたことが理解される。さらに交際当初は加害者被害者共に円満に交際がスタートしたところも共通している。

　ところが，途中から，被害者が交際を拒否するようになると，加害者は，怒りと嫌がらせをエスカレートさせ，最終的には刺殺に至っている。これらのケースに共通するのは加害者（ストーカー）のプライドの高さと激しい怒りである。

　桶川ストーカー殺人事件を詳しくみてみよう。筆者は次の記述に注目する。「6月14日午後8時頃，Kとその兄，さらにもう一人を加えた3人が被害者宅を訪れ，居宅中の被害者と母親に対し『Kが会社の金を500万円横領した。お宅の娘に物を買って貢いだ。精神的におかしくされた。娘も同罪だ。誠意を示せ』などと1時間以上にわたり迫り続けた」（鳥越・小林 2002，ただし，ここでは実名を出さなかった）。

　筆者はこの「精神的におかしくされた」という発言に注目してみたい。加害者が精神的な脆弱さを抱えているということがわかる。ここにはプライドをつぶされたことに対する異常なまでの被害感の大きさが現れている。

　逗子事件にも同様な精神的な脆弱さとプライドの高さが認められる。

　小早川（2014）は，この逗子事件の被害者から実際に相談を受けており，その経緯を克明に綴っている。その中で，加害者が自殺未遂を繰り返していること，また送りつけられたメールの中には「精神的に（私を）殺したのはあなた。肉体も殺してください」「ストリートレイプされて連れ去られろ」といった強迫や中傷であふれていたという。筆者が注目するのは，この内容，特に「精神的に殺したのはあなた」という表現だ。ここには，強い被害者意識と恨み，そしてプライドの高さが見て取れる。

55

第1部　家族問題を理解するための法・心理・福祉

　これらの共通点から，加害者たちが非常に強い被害者意識を有していることが指摘できる。そして，自分を捨てたその相手に強い恨みを募らせている。

　福井（2014）は「ストーカー行為の八割は警察の口頭注意・文章警告で収まる」，逆に言えば，「二割はストーカー行為をやめないということである」そして，この2割の人たち（加害者）の特徴とは「『自分がつきまとうのは相手のせい』との被害感情を持ち，相手に拒絶されても『自分の良さを理解できないだけ』，『自分の良さを理解できれば受け入れられるはず』などと，自己中心的に解釈する点にある」と指摘する。

　このように小早川も福井もストーカーの特徴として，被害者意識が強いことを強調しているのである。さらにこれに付け加えると，プライドの高さ，すなわち自己愛の強さと内面の脆弱さが指摘できる。

②　傷つきやすさと不健全な自己愛

　現代の多くの若者は対人関係に非常に敏感である。また，キレる若者も多い。このような対人関係での傷つきやすさの背景には一体何があるのだろうか。筆者は，それは不健全な自己愛だと考えている。そして，それがコフート（Kohut, H.）のいう自己愛的激怒（小西 1991）と呼ばれる怒りと関係していると考えるのだ。

　自己愛にも健全な自己愛と不健全な自己愛があることを断っておかなければならない。実力もないのにプライドだけが高い。実は自信もないのに，人を人とも思わない横柄な態度をとる。自分中心の勝手な論理で行動する。他人を思いやるような共感性に欠けている。こういう自己愛は不健全な自己愛といえるだろう。現代はこういうナルシストが増えているというのだ。かれらは独特の傷つきやすさ（バルネラビリティ）をもっている（速水 1993）。そのため，対人関係で簡単に傷ついてしまう。かれらは往々にして尊大な態度をとるが，それは弱々しい真の自分の上に肥大した偽りの自分が乗っているからだ。実際は，ちょっとした非難や批判にぐらぐらと揺れている。かれらが自分の意見を少しでもけなされるとひどく怒りを爆発させるのはこのためなのである。このような怒りの爆発は自己愛的激怒と呼ばれている。

　ここで取り上げた2例のストーカーたちの怒りの爆発は，この自己愛的激怒

と関係があるといえる。彼らは非常に高い自己愛的なプライドを有しているからである。

　実際，この2つの事例は，加害者2人が自殺している点でも共通している。前述したように，不健全な自己愛者は独特の傷つきやすさ（ヴァルネラビリティ）をもっている。かれらはこの傷つきを避けるために引きこもるか，怒りで対応する。現代，若者の引きこもりとストーカー等に代表される凶暴な言動という，いわば対照的な現象が問題になっているのは，その背景には不健全な自己愛が災いしていると考えられるのである。

　ただし，ストーカーにもさまざまなタイプがあることを断っておかなければならない。前出の福井（2014）は，ストーカー行為を(a)執着型，(b)一方型，(c)求愛型，(d)破壊型の4つのパターンに分類している。

　(a)　「執着型」は，元恋人や配偶者との関係が壊れたときにストーカー化するもので，最初は「何とかよりを戻したい」といった要求から始まるが，結果的に相手への復讐に傷害事件や殺人事件に発展することが多いという。本項で取り上げた2つの事例もこの執着型と考えられる。このタイプは，自己愛性パーソナリティ障害がストーカー化の要因の因子になりやすいという（福井2014）。

　(b)　「一方型」は，自分の理想の人であるアイドルやタレントに一方的な恋愛感情を抱き，自分自身も相手から愛されたいという願望から，ストーカー行為に発展するもの。統合失調症やパラノイア（妄想性障害）などの精神病が因子になりやすいという。

　(c)　「求愛型」も，相手との相思相愛の関係を築きたいとの一方的な意図から生じるストーカー行為だが，執着型ほどの親密な関係にはないものの，全く赤の他人でもない関係にある人が対象とされる。発達障害傾向が因子になりやすいという。

　(d)　「破壊型」は，自己の性的欲求を満たすための対象に，ストーカー行為を行うもの。相手の立場や気持ちは一切関係がなく自分の感情や欲望を一方的に押しつける。反社会性パーソナリティ障害が因子になりやすいという。

　このようにストーカーも千差万別である。しかし，激しい嫌がらせや攻撃を行うストーカーは，被害者意識の強さを有することが共通している。この被害

第1部　家族問題を理解するための法・心理・福祉

者意識をどのように扱うかということがストーカーの心理臨床の要になると筆
者は考えるのである。

(4)　離婚の心理

　「結婚」は，通常ほとんどの者が，友人や親族縁者から祝福され，幸福感を
抱きつつ，人生の次の段階に入ったと実感する。これは社会や文化が異なって
も，人間であればほぼ共通している。しかし，その反対に「離婚」は通常，祝
福されることなく，経済的困難に悩み，精神的葛藤や苦悩の解決を迫られるこ
とが多い。ここでは「離婚」を心理学的側面そして裁判手続的側面から描き出
すことにしたい。

　配偶者との関係に悩み，これ以上婚姻関係を続けることに耐えられなくなっ
たとき，人は離婚を考える。当然ながら絶対的な基準尺度があるわけでなく，
本人自身や相手配偶者の意識，そして双方の関係性が絡み合って作用する。よ
く離婚理由として聞くのは「性格の不一致」「異性関係」「生活費を渡さない」
「暴力をふるう」などであろうか。ときには，怒りや恨み，猜疑心，復讐心な
ど，ありとあらゆる負の感情が生じ，そのストレスに耐えられなくなることす
らあるであろう。夫婦関係が不和になったときは，まず当事者双方で話し合い
（協議）をすることが第一歩となる。話合いの結果，双方が関係修復を目指す
ことで意見が一致すれば，再出発ということもある。心理臨床家のマリッジ・
カウンセリングを受けるのも一案である。しかし，離婚そのものに意見が合わ
なかったり，離婚条件で合意できなかったりすると，話し合いは簡単には済ま
ない。

　もともと離婚には，生活形態や経済生活，精神生活等の清算という側面を含
んでいるため，簡単には話し合いで解決できないのが通常である。本来，話し
合わなければならないのは，離婚そのものの合意のほか，①未成年の子どもが
いる場合の親権，②未成年の子どもの養育費や，未成年の子どもと非親権者と
なる者との面会交流，③財産分与や慰謝料その他と非常に多い。しかし，日本
では「法は家庭に入らず」の趣旨から，これら離婚そのものと①〜③をまず協
議で解決するように求めており，協議離婚届は，長く離婚合意と①の記載があ

3　家族の危機を理解するための基礎知識

れば受け付けることになっていた。ただ，未成年の子どもへの影響も見過ごすことはできないので，2011年の民法改正（2012年施行）で，離婚に際して養育費や面会交流を協議で定めること，それは「子の利益を最も優先して考慮しなければならない」（766条）ことが明記された。協議離婚届用紙に②養育費と面会交流が協議済みであることをチェックする欄が設けられた（ただし，チェック欄が未記入でも，他の要件に問題がなければ，届出は受理される）。

　協議が無理であれば，国の機関である家庭裁判所で，離婚調停を行うこともできる。申立書と申立て事情説明書に記入し，収入印紙（1200円），事務連絡用の郵便切手（82円切手を10枚相当），戸籍謄本があれば，申立てができる。申立てをすると，1カ月ほど先の日時に調停日が設定され，調停を開くので家庭裁判所に来るようにという連絡がくる。調停は，調停委員2名と裁判官から成る調停委員会が，進行管理していく。原則，双方同席で調停の注意事項の説明をしたのち，まず申立人から30分間ほどで申し立てた実情の確認とともに「相手に何を望むか」を聴く。相手方はその間，控室で待ってもらう。そして，必要な聴取が終わると，今度は入れ替わってもらい，相手方の実情の確認とともに「申立人の主張のどこまでであれば応じることができるか」を聴く。これを繰り返すことにより，合意点を模索していく。子の親権や面会交流などが争点になると，調査官が子どもの調査をすることもある。

　また，調停は，相手を非難する場ではなく，相手の立場も考えながら自主的な妥協点を見出すのがポイントである。調停委員は「ここは〜と考えたらいかがですか」などの助言をしていく。当初は怒りや恨み，猜疑心，復讐心などが坩堝のように蠢いていたところ，次第に感情が落ち着いて，別の再出発に気持ちが動いていく。

　しかし，離婚調停も数回で，お互いの歩み寄りがなく平行線となってしまうことがある。こうなると何回調停を開いても同様であるため，不成立として終了せざるを得なくなる。不成立となっても，それでも離婚を求めたい場合は，改めて離婚訴訟を提起することになる。離婚訴訟とは正式な裁判の中で，解決を図るものである。具体的にいうと，双方から主張書面を出してもらい，離婚条件に合致しているか否かが審理される。離婚訴訟は準備も非常に大変であり（通常は弁護士に委ねることが多い），調停以上にストレスフルな状況になる。し

59

第1部　家族問題を理解するための法・心理・福祉

かし，離婚調停で解決できなかったのであれば，やむを得ないところであろうか。

　以上が離婚手続のあらましである。この分野は心理学のほか社会学や家族法など，複数の関連領域にまたがっている。相手への攻撃非難で葛藤を解消させ満足させるのではなく，相手の気持ちを察する中で合理的に解決することは，文明社会を自負できる，むしろ有意義な場と考えるべきであろう。

(5)　ハーグ条約と国際離婚問題

①　国際結婚と離婚

(a)　国際結婚件数の推移

　国際結婚について統計を取り始めたのは1965年からである（1972年までは沖縄県を含まない）。厚生労働省の人口動態統計によると，婚姻件数全体に占める国際結婚の件数と割合は，1965年で4165組／95万4852組＝0.44％であったのが，徐々に増加し，2006年の4万4701組／73万971組＝6.12％をピークに，2017年には2万1457組／60万7000組＝3.53％とここ数年横ばいの割合となっている。また，2016年の統計では，妻が外国人の場合は7割（1万4851組）で，国籍は中国37.2％，フィリピン22.7％，韓国・朝鮮13.7％の順となっており，夫が外国人の場合（6329組），国籍は韓国・朝鮮25.7％，アメリカ16.7％，中国12.5％の順になっている。

(b)　国際離婚と子の連れ去り

　国際離婚の件数は，2002年で1万5252組，2015年で1万3675組となっている。離婚に至る原因は，相手の親族とうまくいかない，文化や言語・価値観の相違，離婚そのものに対する価値観の相違，子育ての仕方についての価値観の相違，言語の問題による自立困難，経済的基盤がない，親族や友人のサポートがないなどがあるという。

　国際離婚のケースにおいて，他方の親の同意を得ずに，16歳未満の子を自身の母国に連れ去り，他方の親の監護権を侵害するという「不法な子の連れ去り」が相次いだため，諸外国の要請に応じて，日本も「国際的な子の奪取の民事上の側面に関する条約（以下，「ハーグ条約」）」に加盟することとなった（発効

は2014年4月1日）。なお，子の連れ去りの加害者とされるのは，国に関係なく圧倒的に女性が多いという。

② ハーグ条約の締結とその仕組み

ハーグ条約は，国境を越えた子の連れ去りによって生ずるさまざまな子への悪影響から子を守るために，原則として元の居住国に子を迅速に返還するための国際協力の仕組みや国境を越えた親子の面会交流の実現のための協力について定めた条約である。1980年にハーグ国際司法会議によって作成・採択，1983年に発効し，2019年8月現在，締約国は101カ国となっている。なお，ハーグ条約は，中国では香港・マカオのみが適用地域となり，その他の地域には適用されない。また，パキスタン，キューバ，ガイアナ，ボリビア，チュニジア，バルバドスは日本との間では未発効となっている。

(a) 子を元の居住国へ返還すること

両親の離婚に伴い，国境を越えて連れ去られた子は，それまでの生活基盤が急変するだけでなく，一方の親族・友人との交流が断絶し，異なる言語・文化・環境への順応を強いられるといった影響があるとされる。子の監護は元の居住国で行うことが望ましいとされ，国境を越えて不法に連れ去られた子を元の居住国に返還することが原則とされている。外務省への返還援助申請は，2019年8月1日現在，5年間で，日本に所在する子に関する申請が116件（うち97件で援助決定）であり，外国に所在する子に関する申請が100件（うち88件で援助決定）であった。

(b) 親子の面会交流の機会を確保すること

不法な連れ去りがあったとしても，国境を越えた親子の面会交流の機会を確保するべきとされている。外務省への面会交流援助申請は，5年間で，日本に所在する子に関する申請が108件（うち91件で援助決定），外国に所在する子に関する申請が32件（うち30件で援助決定）であった。

(c) 外務省による支援

条約の実施に中心的な役割を担う中央当局として外務大臣が指定されており，外務省では，弁護士その他の法曹関係者，児童心理やDVの専門家，入国審査官等の多様な経験を有する外部の人材を受け入れて支援にあたり，子の

第1部　家族問題を理解するための法・心理・福祉

図表3-5　日本へ連れ去られた子の返還申請があった場合の手続きの流れのイメージ

申請書の受付 → 援助決定 → 子の所在特定

返還の申立て

あっせんによる合意に向けた協議の返還

返還の申立て

協議不調

合意が成立

当事者の同意 → 調停

調停が成立

裁判

返還
不返還

裁判手続

子の安全な返還を支援

※申請者に対して,
・日弁連による弁護士紹介制度（84件252名を紹介済み）
・法テラスによる法律扶助（裁判費用等の貸付け）を案内

情報提供の求め

地方自治体,学校,病院 等

業務委託

裁判外紛争解決（ADR）機関（弁護士会等）

外務省は援助決定を行った全ての事案について所在を特定できている。

46事案（面会交流事案も含む）について,ADR機関への申立てが行われた。

外務省は,裁判資料の日本語への翻訳を支援

第1審(東京家裁又は大阪家裁)は,原則6週間以内で迅速に処理

※吹き出しの支援は面会交流援助申請についても共通。これらの支援は原則無料で提供されている。

出典：外務省領事局ハーグ条約室「ハーグ条約の実施状況」(2019年8月1日)

返還，子との面会交流の実現のための援助を実施している。日本へ連れ去られた子の返還申請があった場合の手続きの流れのイメージは**図表3-5**のとおりである。

③　ハーグ条約の課題

　ハーグ条約では，元の居住国に子を戻すのが子の利益に合致するという前提になっているが，そもそも子の権利や子の最善の利益は個々の事案に応じて，子の意思を尊重して決められるべき問題である。ハーグ条約には子の返還の例外が定められており，2013年のハーグ条約実施法（国際的な子の奪取の民事上の側面に関する条約の実施に関する法律）28条においても同様に規定されている。すなわち，1．子の連れ去りから1年以上が経過し，子が新たな環境に適応している場合，2．連れ去り当時，申立人が子の監護権を行使していなかった場合，3．連れ去り当時，連れ去りに同意した場合，4．子の返還が子の心身に害悪を及ぼし，子を耐えがたい状況におく重大な危険がある場合，5．子の意見を考慮しうるほど成熟した子が返還を拒んでいる場合，6．子の返還が人権保護に反する場合のいずれかに該当するときは，裁判所は返還を命じてはなら

62

ない。

　しかし，実務では，これらの返還例外事由がきわめて制限的に解釈され，子自身が父から虐待されたと主張する場合や，母に対するDV行為の存在は返還例外事由にあたらないとされ，原則として返還が命じられているし，子の返還命令が出された場合，執行官が警察を出動させるなどして，威力を用いて子を親から引き離すということも起きている。個々の事案に応じた適切な対応が求められており，子の最善の利益について改めて検討する必要がある。

【参考文献】

(3)について

　中西信男（1991）『コフートの心理療法──自己心理学的精神分析の理論と技法』ナカニシヤ出版。

　中西信男（1987）『ナルシズム』講談社。

　小早川明子（2014）『「ストーカー」は何を考えているか』新潮社。

　鳥越俊太郎・小林ゆうこ（2002）『虚誕　警察につくられた桶川ストーカー事件』岩波書店。

　速水洋（1993）「コフート理論からみたナルシシズムと非行の理解」犯罪心理学研究，31巻2号。

　福井裕輝（2014）『ストーカー病──歪んだ妄想の暴走は止まらない』光文社。

（松村歌子……(1)(2)(5)担当）

（村尾泰弘……(3)担当）

（町田隆司……(4)担当）

児童虐待を理解するための基礎知識

(1) 児童虐待防止法と親権制度等の見直し

① 児童虐待の防止
(a) 児童虐待防止法・児童福祉法

　深刻化する児童虐待の予防・対策のために，2000年に児童虐待防止法が制定された（最終改正：2019年6月19日成立，一部を除き2020年4月1日施行）。児童虐待防止法の改正は1947年に制定された児童福祉法（最終改正：2019年6月19日成立，一部を除き2020年4月1日施行）の改正に伴って行われることが多く，2004年改正では，児童虐待の定義の拡大，通告義務の拡大，市町村の虐待対応の役割の強化が行われ，2008年改正では，児童の安全確認のための強制的な立入調査，保護者に対する児童の面会制限など虐待を受けた子どもを救うために，行政の役割が強化された。児童福祉法の2009年改正では，生後4カ月までの乳児のいる家庭全てを訪問する事業など市町村が行う子育て支援の強化や，虐待を受けた児童を保護するための里親制度の拡充など，虐待の予防を含むさまざまなサービスが増えている。児童虐待防止法・児童福祉法の2019年改正では，親が躾に際して体罰を加えることを禁止し，学校や教育委員会，児童福祉施設職員に守秘義務を課す，児童相談所への医師と保健師の配置，都道府県などは親への再発防止指導に努める等が盛り込まれた。

(b) 児童虐待の定義

　児童虐待防止法2条では，18歳に満たない者を児童とし，保護者が行う以下の行為を「児童虐待」と定義している。これらは単独ではなく，重複してなされることもある。

　―　身体に外傷が生じ，又は生じるおそれのある暴行を加えること（身体的虐待）

二 わいせつな行為をすること又はさせること（性的虐待）

三 心身の正常な発達を妨げるような著しい減食又は長時間の放置等（ネグレクト）

四 著しい暴言又は著しく拒絶的な対応，家庭におけるDVの目撃（心理的虐待）

ネグレクトとは，具体的には，心身の発達を損なうほどの不適切な養育や子どもへの安全への配慮がなされていない行為をいい，子どもに必要な情緒的欲求に応えていない，食事・衣服・住居などが極端に不適切で，健康状態を損なうほどの怠慢がある，病気なのに病院に行かせない，乳幼児を車内に放置する，乳幼児を室内に放置したまま外出する，子どもを家に閉じ込める，学校に行かせないといった場合がある。

心理的虐待とは，言葉による脅かしや無視，他のきょうだいとは著しく差別的な扱いをする，子どもの自尊心を傷つける，子どもの心を傷つけることを繰り返し言う，子どもの前で配偶者に暴力をふるう（面前DV，DVを目撃させる，音を聞かせる）などがある。

学校・病院等の教職員，医師，保健師，弁護士等は，児童虐待に関して早期発見に努め（5条），児童虐待を受けたと思われる児童を発見した者は，速やかに福祉事務所，児童相談所に通告しなければならない（6条）。

(c) 児童虐待の影響

身体的虐待により，頭蓋内出血や火傷，擦り傷，打撲などの外傷を負うことはもちろん，ネグレクトなどにより，栄養不足，感覚刺激の不足，発達の遅れ，認知能力の遅れが生じることもある。また，虐待された体験のフラッシュバックや夜驚症（眠り始めの3時間くらいに，突然起き上がりパニックを起こして泣き叫ぶなど），情緒不安定，記憶の欠落などの解離状態などの精神症状を呈することがある。その他，安定した愛着関係不足から，自分の要求を受け入れてくれそうな大人に対して距離感なく密着する，わざと相手を怒らせる言動をとり，相手の愛情を試すなどの試し行動に出るなど，愛着障害を引き起こすこともあるし，怒りや感情のコントロールができない，周囲の大人の感情や顔色を窺い，自分の感情や意思をコロコロ変える，自己肯定感の低さ（強い自己否定）から，自虐的な言動・自傷行為を起こすこともある。さらに，思春期になれば，リストカット，アルコールや薬物の乱用，摂食障害，浪費，セックスへ

第1部　家族問題を理解するための法・心理・福祉

の過度の依存といった問題につながる可能性がある。

　最近の脳科学研究では，DVの目撃や児童虐待，不適切な養育（マルトリートメント）が，子どもの脳を傷つけ，学習欲の低下や非行，うつや統合失調症などの病を引き起こすと指摘している（友田 2017）。

②　児童虐待の現状

(a)　児童虐待相談対応件数の推移

　厚生労働省が公表した「平成29年度の児童相談所での児童虐待相談対応件数」によると，全国の児童相談所が児童虐待相談として対応した件数は，2000年1万7725件，2004年3万3408件，2008年4万2664件，2011年5万9519件，2014年8万8931件，2015年10万3286件，2016年12万2575件，2017年13万3778件と年々増加し続けている。相談件数が増えた要因としては，核家族化や地域のつながりが希薄になってきたことで，家庭・地域の養育力の低下，児童虐待事例の報道や制度改正，広報の強化などにより，児童虐待に関する認知が高まったこと，心理的虐待に係る相談対応件数が増加したこと，面前DVについて警察からの通告が増加したことがあげられている。

(b)　虐待相談の内容と相談経路

　虐待相談の内容は，おおむね身体的虐待とネグレクトが4割弱，心理的虐待が2割であったが，2017年では，心理的虐待が54.0％，身体的虐待が24.8％，ネグレクトが20.0％，性的虐待が1.2％となるなど，近年では心理的虐待の割合が過半数を占める。また，児童相談所への相談経路は，2017年度では，警察等が49％，近隣知人が13％，家族が7％，福祉事務所が6％となっており，現在では，警察等からの通告が半数を占める。

(c)　虐待による子どもの死亡事例の検証

　虐待による子どもの死亡事例については，厚生労働省が，都道府県，指定都市および児童相談所設置市に対する調査により把握した虐待による死亡事例を対象として，社会保障審議会児童虐待等要保護事例の検証に関する専門委員会によって検証されている。2007年度の第5次報告での心中以外の虐待死78人，心中による虐待死64人の計142人をピークに，2013年度の第11次報告での心中以外の虐待死36人，心中による虐待死33人の計69人にまで減少したものの，

2016年度の第14次報告では心中以外の虐待死49人，心中による虐待死28人の計77人と増減を繰り返している。

　2016年度の第14次報告によると，死亡した子どもの年齢は，0歳が32人（65.3％）と最も多く，特に，0歳のうち月齢0カ月児が16人（50.0％）と高い割合を占めている。虐待の種類は，身体的虐待が27人（55.1％），ネグレクトが19人（38.8％），直接の死因は，「頭部外傷」が8人（22.2％）で最も多かった。主たる加害者は，「実母」が30人（61.2％）と最も多く，次いで「実母と実父」が8人（16.3％）であった。実母が抱える問題（複数回答）として，「予期しない妊娠／計画していない妊娠」が24人（49.0％）と最も多く，次いで「妊婦健診未受診」が23人（46.9％），「母子健康手帳の未交付」「遺棄」が各15人（30.6％）であり，養育者（実母）の育児不安や養育能力の低さ，つまり，子どもの成長発達を促すために必要なかかわり（授乳や食事，保清，情緒的な要求への応答，子どもの体調変化の把握，安全面への配慮等）が適切にできない場合が多く，児童虐待防止のためには家族全体，特に母親への支援の必要性が窺える。

③　児童虐待の防止等を図るための制度の見直し

（a）　親権制度の見直し

　これまでも，親権の濫用または著しい不行跡などを要件として，家庭裁判所の審判によって親権の全てを失わせる親権喪失制度（民法834条）はあったものの，親権の全てを無期限に奪うという非常に効果の大きなものであり，活用しにくいとの指摘がなされていた。

　そこで，民法の2011年改正（2012年4月施行）で，親権停止制度の創設や，財産管理権のみを失わせる管理権喪失（民法835条）の原因や親権喪失の原因が見直され，子どもの利益が害されている場合に親権が制限され得ることが明確になった。また，親権を制限した後の子どもの安定した監護を実現するために，未成年後見制度も見直された。

　親権停止制度（民法834条の2）とは，2年以内の期間に限って，親権を行うことができないようにする制度であり，親権喪失の要件を満たすまでには至らない，比較的程度の軽い事案でも，必要に応じて適切に親権を制限できることとなった。その結果，親権が停止された期間に，親や家庭環境の改善を図り，

第1部　家族問題を理解するための法・心理・福祉

その効果を勘案して再び親権を停止や喪失させるか，あるいは親に親権を戻すかという選択ができる。そして，親権喪失，管理権喪失，親権停止の審判を請求できるのは，子どもの親族，検察官のほか，子ども自身や未成年後見人等も追加され，児童福祉法の2011年改正（2012年施行）により，児童相談所長も追加された（児童福祉法33条の7）。児童虐待防止法の2019年改正では，施行後2年をめどに，民法822条の懲戒権の見直しを検討することとなった。

　また，児童福祉法の2011年改正では，施設入所等の措置がとられている子の監護等に関し，子どもの福祉のために施設長等がとる措置を，親権者等は不当に妨げてはならないことが明記された（児童福祉法33条の2第3項）。たとえば，虐待を受けた子どもが里親委託や施設に入所した際に，親が医療を受けることに同意しない，子どもの意に反し，勝手に高校に退学届を出すなど，施設や里親に不当な主張をすることを禁止するなど，行政側の対応を強化する規定が盛り込まれている。

(b)　未成年後見制度等の見直し

　親のいない子どもや，両親が親権喪失・停止の審判を受けた子どもには，「未成年後見人」を家庭裁判所が選任することになるが，これまでは，個人がひとりで未成年後見人にならなければならず，負担が大きいと言う理由で，なり手が見つかりにくい状況にあった。そこで，民法の2011年改正では，法人の未成年後見人や複数で未成年後見人となることも可能とし（民法840条），たとえば，祖父母が両親の代わりに未成年後見人になることや，児童養護施設を経営する法人が児童養護施設出身者の未成年後見人となり，引き続き後ろ盾となることが期待されている。さらに，日々の子育て（身上監護）は親戚が，遺産などの子どもの重要な財産の管理は弁護士などの専門家が，それぞれ分担して未成年後見人となることも可能になった。また，里親委託の子どもや児童相談所が一時保護している子どもに親権者がいない場合でも，児童相談所長が親権を代行することも可能となった（児童福祉法33条の8第2項）。

(c)　離婚後の子どもの監護に関する事項の見直し

　民法の2011年改正では，離婚後の子どもの監護について必要な事項の具体例として，面会交流や養育費の分担が明示され，子どもの監護について必要な事項を定めるにあたっては，子どもの利益を最も優先して考慮するという理念が

明記された（民法766条1項）。

④ 児童虐待防止と社会・学校の役割

(a) 社会の役割

　児童虐待は，「家庭」という外から見えにくい密室で起こり，被害者である子どもが自ら助けを求めることも難しいため，周囲が気づくことは難しい。しかし，早期に発見し対応すれば，虐待の深刻化を防ぐことができるし，子どもの心と体に深い傷が残る前に，早めに子どもを保護し，自立を支援することができる。

　児童虐待は社会全体で解決すべき問題である。児童虐待のおそれのある事案を発見した場合は誰もが児童相談所に通告し，児童虐待が原因で死亡する子どもの数をひとりでも減らしていく必要がある。児童相談所への通告・相談は，2015年7月から全国共通の3桁のダイヤル「189（いちはやく）」が設定されており，近くの児童相談所に24時間つながる。通告・相談は匿名で行うこともでき，通告・相談をした人，その内容に関する秘密は守られる。厚生労働省では，毎年11月を「児童虐待防止推進月間」と定め，さまざまな広報啓発活動に取り組んでいる。その他，虐待をなくすことを呼びかける市民運動として「オレンジリボン運動」がある。

(b) 学校の役割

　子どもに関係する機関のうち，特に学校は，幼稚園から高等学校まで，全国に約5万校が存在し，全国約110万人の教員が勤務している。児童福祉施設や保健・医療機関，警察等と比べても，その量的規模・人的規模は圧倒的に大きい。また，学校は，子どもがその日の大部分を過ごす場所であり，日常的に長時間子どもたちと接する教職員たちは，子どもの変化に気づきやすい立場にいる。そして，学校の教員は，教育という観点から，家庭や保護者に対して働きかけをすることもできる。そのため，学校および教員には，児童虐待の早期発見のための努力義務があり，児童虐待を発見した場合には，速やかに福祉事務所または児童相談所へ通告する義務があるほか，児童相談所等の関係機関との連携強化に努め，児童虐待の被害を受けた児童生徒に対して適切な保護を行っていく必要がある。また，学校や教育委員会は，児童虐待防止法の2019年改正

により，正当な理由なく，その職務上知り得た児童に関する秘密を漏らしては
ならないこととなった。

(2) 児童相談所と児童虐待

児童相談所は，児童福祉法12条に規定されている行政機関であり，都道府
県・政令指定都市・一部の中核市（児童相談所設置市）に設置されている。2018
年10月1日現在で，212カ所の児童相談所が置かれている（厚生労働省「全国児
童相談所一覧（平成30年10月1日現在）」，2018年12月4日，https://www.mhlw.go.jp/
bunya/kodomo/dv30/zisouichiran.html）。

児童相談所には，ソーシャルワーカーである児童福祉司・心理職である児童
心理司・一時保護児童のケアを行う児童指導員，保育士，看護師・医学診断，
コンサルテーションを行う医師（精神科・小児科など）・保健師などが配置され
ている。昨今では，援助が困難な虐待事案の対応を目的に，弁護士や警察官
OBを配属する児童相談所も増えており，多職種がそれぞれの専門知識を生か
しながらチームで援助にあたるのが児童相談所の特徴といえよう。もう1つの
特徴として，保護者や児童の生活上の困難に寄り添い福祉的視点で支援する
「相談援助機関」であると同時に，児童福祉法，児童虐待の防止等に関する法
律（以下，「児童虐待防止法」）に基づき，時には保護者や児童の意思に反する強
制的権限を行使する「権限行政機関」であるということがあげられる。

児童相談所が行使し得る主な行政権限としては，一時保護（児童福祉法33
条）・施設措置（児童福祉法27条1項3号・28条1項1号）・立入調査（児童福祉法29
条・児童虐待防止法9条）・親権喪失，停止・未成年後見人専任，解任（児童福祉
法33条の7，8，9）・出頭要求（児童虐待防止法8条の2第1項）・臨検，捜索（児
童虐待防止法9条の3第1項）・面会等の制限（児童虐待防止法12条1項）・接近禁
止命令（児童虐待防止法12条の4第1項）などがあげられる。

従来，児童相談所は相談援助機関として，児童および保護者のニーズに寄り
添う形で援助を行ってきた。特に児童にとって最も影響がある保護者に対して
は，相互信頼に基づく良好な関係性が必要不可欠であるとの認識の下，援助を
実施してきた。しかしながら，凄惨な児童虐待死がメディアで報道される中，

児童相談所の保護者との関係性を重視する姿勢がその要因であるとの論調が数多く発せられ，児童虐待防止法が制定されてからも，「児童相談所が関わっていながら虐待死を防ぐことができなかった」と非難の対象となる事案が度々発生する中で，世論は児童相談所に対してより一層の介入的アプローチを期待するようになってきた。

　津崎（2010）が，「児童虐待防止法ができたことにより，全国の児童相談所は創設以来の大きな変革と混乱の渦中に巻き込まれることになる。それは，通告件数が大幅に増加し，限られた人手のなかで実務が追いつかないという混乱だけでなく，従来の援助の理念や手法を根底から揺さぶる大きな意識と体制の改革を求めるものであったからである」と述べているように，保護者に対して受容，共感しながら，保護者とともに児童や家族が抱える問題を解決あるいは緩和していくという従来のソーシャルワーク・アプローチから，早期発見・事実認定・安全確保に主眼を置いた（権威的）介入型アプローチへの転換を余儀なくされてきた。このソーシャルワーク・アプローチと介入型アプローチは対極にあるように思われがちであるが，公的機関のソーシャルワークにおいては，常に行政的権限に裏付けられた「権威」が存在し，その「権威」を法や理念に基づき適切に行使することで，生活上の困難を抱えるクライエント，生命身体の危機にさらされている児童の福祉を向上させることになるものである。

　しかしながら，「虐待されている状態」のみに焦点があたり，当該児童をその状態から引き離すことが主眼となり，介入型アプローチが児童相談所の役割であるといった誤解に基づいた世論や関係機関の期待や，行政権限を援助における１つの要素として援助プロセスに活用することができる専門的知識と技術の不足は，児童相談所の本来の姿を歪めることになるのではないだろうか。

　児童相談所が実施する援助活動の中で，中核的な役割を担うものが児童福祉司である。児童福祉司は，相談の受理から終結までのプロセスにおいて，社会調査，診断，児童，保護者への指導援助，関係機関との調整など，児童相談所や他機関の職員と連携しながら，全体的なケースマネージメントを行っている。以下，虐待相談のプロセスについて，児童福祉司の役割に焦点をあてながら概観してみたい。

　虐待相談の入り口は，多くの場合，市民・関係機関等からの通告（児童福祉

法25条・児童虐待防止法 6 条）である。通告を受けた児童相談所は，緊急受理会議を実施し，当該通告の対象となった児童について危険度の判定（リスクアセスメント）を行うと同時に初動について協議することとなる。警察が保護した児童を通告書と同時に連れてくる（身柄付通告）場合などは比較的容易に児童の状況を把握することができるが，一般市民からの通告の場合は，事実確認・安全確認には困難が伴う。多くの自治体では，「48時間以内」，「24時間以内」などの時間ルールを決めており，安否が気遣われる場合においては，家庭訪問等により児童福祉司が児童自身と対面して状況を確認することが必須となっている。このような場合，保護者は訪問などを予想しておらず，児童への直接確認を拒否することも少なくない。またかりに児童に会ったとしても，心理的虐待・ネグレクトなどは事実認定が難しく，家庭訪問が安否確認のみに終わることも稀ではない。最も困難を伴うのは，家庭訪問をしても応答がなく，自宅に児童や保護者が在宅しているかどうかわからない，あるいは，在宅しているが児童相談所の接触を拒否しているケースであろう。この場合は短期間に複数回訪問することに加え，関係者や近隣への情報収集などを通じて，保護者や児童の生活状況を調査することになる。児童相談所の接触に対して強く拒絶する場合などは，必要に応じて，前述の出頭要求→立入調査→再出頭要求→臨検，捜索といったステップを踏むことになる。上記のようなアプローチの結果，虐待が疑われ，児童の家庭における安全が保障されないと判断されれば，児童相談所は児童を一時保護することになる。

　一時保護はおおむね 1 カ月（長期化する場合は 2 カ月）実施されることになるが，保護者が児童相談所の接触を拒絶したり，保護者自身が収監されたりした場合，さらに長期化することにもなる。一時保護中の児童は，原則的に一時保護所内で暮らすことになるため，登校，外出など，社会生活に制限を受けるため，2 カ月を超えるような場合は，児童養護施設等への一時保護委託も検討しなければならない。一時保護中の児童については，児童福祉司による社会調査，児童心理司による心理調査，医師による医学調査，一時保護所職員による行動調査などを総合して，児童相談所としての診断，判定をすることになる。並行して行われる家族状況，社会関係等の調査に加え，児童を家庭に帰した場合のリスクアセスメントを行い，家庭引取りの可否について判断することにな

る。家庭復帰が困難であると判断されたにもかかわらず，親権者が児童養護施設等への入所，里親への委託を同意しない場合，児童相談所は家庭裁判所に対して，児童福祉法28条に基づく申立てを行い，親権者の同意なしに入所措置ができるよう家庭裁判所の承認を得ることになる。

　虐待を受けた児童の中には，知的障害，反応性愛着障害，発達障害などがあるものもまれではなく，また，障害はなくとも不適切な養育状況に起因した生活上の困難を抱える児童も数多くいる。さらには，突然の一時保護，家庭やそれまで通っていた学校，幼稚園，保育所など所属機関を離れることによる環境の変化は，児童に大きな不安と混乱をもたらすことは容易に想像ができる。措置される児童の中には，家庭分離に対して拒否的な思いをもつ児童もおり，「何故，親元を離れなければならないのか」，「その後の生活はどのようになるか」を丁寧に説明するとともに，その後児童が暮らす生活環境に関する具体的な情報を十分に提供しながら，児童の不安を軽減する努力を怠ってはならない。

　委託先に対しては，児童相談所が得た保護者や児童などの情報を提供し，施設職員，養育里親が児童を的確にアセスメントできるよう援助することや，児童が通うことになる学校園に対しても可能な限りの情報提供を行うことも必要である。児童相談所の役割は措置したことで終了するわけでなく，児童や保護者へのケアを委託先と役割分担しながら，児童の家庭復帰，自立までの期間を通じてかかわることが求められる。委託後は養育の主体は委託先になるが，児童相談所が措置権者として，継続的に児童の状況を把握しながら，時には措置権者として，あるいは専門機関として介入することも重要である。

　措置後の児童に対する児童相談所の大きな役割の１つは，家族再統合である。児童虐待防止法が施行されて以降，メディアの論調に応じるかのように世論は「虐待死」を防止するために，早期に家庭に介入し，児童を家庭から引き離し安全な環境の下で生活できるような取組みを児童相談所に求めてきた反面，家庭分離した後の「家族のあり方」について十分な検討がなされてきたとは言い難い。西原（2017）が，「施設や里親のもとでの生活が虐待・ネグレクトの環境におかれた子どもたちにとって必要なのはいうまでもないが，理想的には自分の家庭で親から適切な養育を与えられ，安全かつ安心できる生活環境

第1部　家族問題を理解するための法・心理・福祉

を手に入れたときにはじめて子どもの権利が守られたといえる」と述べるように，いったん，家庭から引き離された児童をできるだけ早期に元の家庭に復帰させること，あるいは家庭復帰ができない場合においても一定の距離をもちながらも家族と関係を維持できるような調整を児童相談所が委託先である児童養護施設等と協働しながら取り組むことは重要な課題である。

【参考文献】

(1)について

　友田明美（2017）『子どもの脳を傷つける親たち』NHK 出版。

(2)について

　津崎哲郎（2010）「児童相談所の取組みの現状と今後の課題」季刊社会保障研究，45巻 4 号，季刊社会保障研究。

　西原尚之（2017）「家族再統合にむけたファミリーソーシャルワーク──児童相談所がおこなう家庭復帰支援の前提条件」筑紫女学園大学研究紀要（筑紫女学園大学），12号。

（松村歌子……(1)担当）

（遠藤洋二……(2)担当）

高齢者虐待を理解するための基礎知識

(1) 高齢者の介護，扶養義務

　高齢者の扶養義務については，民法877条，「直系血族及び兄弟姉妹は，互いに扶養をする義務がある」，民法752条「夫婦は同居し，互いに協力し，扶助しなければならない」（同居協力扶助義務〔民法752条〕および婚姻費用分担義務〔民法760条〕）にその内容が定められている。

　親子，祖父母と孫，兄弟姉妹，夫婦のいずれかの関係にあるものは，相手が独力で生活できない場合，その相手を扶養することが法律で義務づけられている。ただ，扶養義務があるといっても，どの程度まで扶養すればよいのかは，相手によって異なる。扶養の対象が配偶者や未成年の子である場合は，自分と同程度の生活を送れるようにしなければならない（生活保持義務）。それ以外の関係の場合は，自分に余力がある限りで（自分の地位と生活とを犠牲にすることがない程度に）相手を援助すれば足りる（生活扶助義務）と考えられている。

　兄弟姉妹が複数いる場合，誰が優先して親の面倒を見るのかについては法律で定められてはいない。親の扶養義務はその子ども全員にあり，兄弟姉妹の内で誰が介護等，親の面倒をみるのかは話し合いで決めることとなっている。話し合いで決めることができなければ，家庭裁判所に調停あるいは審判を求めることが可能である。その場合，家庭裁判所は各人の経済状況や家庭状況を考慮した上で，各人の負担割合を決めていく。

① 親の保護に対する刑法上の責任

　子の親に対する扶養義務は自分の地位と生活とを犠牲にすることがない程度に相手を援助すれば足りる。しかし時折，同居していた要介護状態の親を放置し衰弱，最悪の場合は死に至る事件が発生している。親が独力で生きていけな

第1部　家族問題を理解するための法・心理・福祉

いことを知っていながらその保護を怠り，必要な医療や介護を受けさせないと
保護責任者遺棄，死亡すれば保護責任者遺棄致死罪が適用され，刑事罰に問わ
れることになる。

　経済的に苦しい，あるいはこれまでの人間関係から心情的に親の面倒を見る
ことができないというのであれば，子は要介護の親を放置するのではなく，地
域包括支援センターや行政など，各種相談機関に相談することにより，事態の
打開を図る必要がある。

②　親は子に扶養を請求できるか

　高齢の親に自立して生活をする経済的能力が備わっている場合，子が自らを
犠牲にして親を扶養する義務は生じない。また，扶養は金銭による扶養が基本
であり，親は子に同居して面倒を見る，世話をするなどの強制はできない。

　もし高齢の親に介護の費用も含め，生活能力がないのであれば，子どもは金
銭的に扶養（援助）する義務が生じる。ただし，親が頼ってきたとしても，直
ちに援助をしなければならないというものではない。この場合の扶養の程度は
「生活扶助義務」であり，事情に応じて可能な範囲で援助をすればよいと考え
られている。

　親が家庭裁判所を通じて，扶養を求めてくることもある。その場合は子が親
族関係を調整する申立てを行い，調停の中で扶養のあり方について話し合うこ
とができる。

③　高齢の親の扶養をめぐる最近の話題

(a)　相続人以外の親族による「特別の寄与」

　実際に高齢者の介護をし，面倒を見ているのが子ではなく子の配偶者という
場合を考えてみたい。法律的にいえば，家庭裁判所により扶養義務を課されな
い限り，子の配偶者に扶養義務はない。ただし昔からの役割分担意識や地域の
価値観などで，夫の両親が要介護になった場合，嫁が介護を担っているケース
はまだ多くみられ，その場合，嫁は相続において見返りが得られないことが問
題となっていた。この点に関しては，民法及び家事事件手続法の一部を改正す
る法律（2019年7月より施行）において，相続人以外の親族が被相続人の療養看

76

護等を行った場合，一定の要件の下で相続人に対して金銭の支払い（特別寄与料）を請求することが可能となった。

(b) 姻族関係の終了

姻族関係終了届の提出は，亡くなった人の血族と配偶者の親族関係を終わらせることができる手続きである。結婚により，配偶者の両親やその兄弟姉妹との姻族関係が生じることになる。もし離婚をすれば，婚姻関係の終了とともに，姻族関係も自動的に終了することになる。しかし配偶者が死亡した場合，婚姻関係は終了しても，配偶者の親兄弟との姻族関係はそのまま継続する。

もし配偶者が死亡した後，亡き配偶者の親やきょうだい，その他の親戚とはもう縁を切りたい，姻族関係を終了したいと考えるのならば，姻族関係終了届を本籍地または住居地の市区町村に提出し，姻族関係を終了させることができる。嫁は夫の両親の面倒を見るべきという考えが根強い家庭や地域では，夫が亡くなった後にもかかわらず，親族が妻に夫の両親の世話をするよう求める場合がある。また，生活への干渉等で夫の両親との関係が悪化している場合もある。そのような場合，姻族関係終了届を出せば配偶者の親きょうだいを扶養する義務がなくなり，扶養を要求されても法的に対抗することができる。

(2) 成年後見制度

認知症，知的障害，精神障害などの理由で判断能力が不十分な方々は，不動産や預貯金などの財産を管理したり，身のまわりの世話のために介護などのサービスや施設への入所に関する契約を結んだり，遺産分割の協議をしたりする必要があっても，自分でこれらのことをするのが難しい場合がある。また，自分に不利益な契約であってもよく判断ができずに契約を結んでしまい，悪徳商法等の被害にあうおそれもある。このような判断能力の不十分な方々を保護し，必要な支援を行うのが成年後見制度である。

① 法定後見と任意後見

成年後見制度には法定後見と任意後見の2つがある。法定後見は後見・保佐・補助の3つに分かれており，判断能力の程度など本人の事情に応じて適用

第1部　家族問題を理解するための法・心理・福祉

される類型が決まってくる。法定後見では，家庭裁判所によって選ばれた成年後見人等（成年後見人・保佐人・補助人）が本人の利益を考えながら，本人を代理して契約などの法律行為をしたり，本人が自分で法律行為をするときに同意を与えたり，本人が後見人等の同意を得ないでした不利益な法律行為を後から取り消したりすることによって，本人を保護・支援する。任意後見は本人に十分な判断能力があるうちに，将来，判断能力が不十分な状態になった場合に備えて，あらかじめ自らが選んだ代理人（任意後見人）に自分の生活，療養看護や財産管理に関する事務について代理権を与える契約（任意後見契約）を公証人の作成する公正証書で結んでおくというものである。本人の判断能力が低下した後，任意後見人が契約で決めた事務について，家庭裁判所が選任する任意後見監督人の監督の下，本人を代理して行う。

②　制度の申立て

　法定後見制度の申立てをすることができる者は本人，配偶者，四親等内の親族，検察官等である。申立ては本人の住所地の家庭裁判所に申し立てる。身寄りがないなどの理由で，申立てをする人がいない認知症高齢者，知的障害者，精神障害者については，市町村長に法定後見（後見・保佐・補助）の開始の審判の申立権が与えられている。

③　成年後見人の仕事

　成年後見人は家庭裁判所により選任される。親族のほか，弁護士，司法書士，社会福祉士などの専門職が選任されている。

　成年後見人の仕事には，大きく分けて財産管理と身上監護の2つがある。身上監護とは，被後見人が適切に生活できるよう「身の上」にかかわる手続きをすることであり，医療や介護，生活・療養看護の点で必要な契約を結ぶ，施設への入所契約を結ぶ等などである。なお，身上監護には，現実の介護行為は含まれない点に注意が必要である。また，食料品や衣料品等の購入等，日常生活に関する行為については本人が自由に行うことができる。成年後見人は，医療や介護，生活・療養看護にかかわるサービスを契約した後も，そのサービスが適切に行われているかを確認しなければならない。また本人が施設に入所した

78

としても，適切なサービスを受けることができているか，不適切な対応をされていないかを確認する義務がある。そして，被後見人の希望を尊重し，その人らしい生活が送れるよう環境を整えることも，身上監護における重大な業務の1つである。

④　成年後見制度と意思決定支援

　1990年代から認知症の人や知的障害を有する人々について，能力不存在推定から能力存在推定へとパラダイム転換が進んできた。すなわち，全ての人は何らかの能力があり，適切な支援を受ければ社会の中で自分らしく生きることができる人なのだという捉え方である。日本の成年後見制度における法定後見制度は，代行決定の制度として組み立てられており，意思決定支援の制度として整備されているわけではない。その一方で，成年後見人には民法858条（成年被後見人の意思の尊重および身上の配慮）において，本人の意思に沿うことが要求されている。具体的にどのように成年被後見人の意思を尊重するかについて，特に法に定めがあるわけではない。ただし，認知症や知的障害，精神障害を有する人々は，居所の指定など自らの人生における重要な決定において自らの意見を聞かれることなく，言っても無視されたり，希望が湧くような選択肢を示されなかったりすることが少なくない。そうなると，かれらはしだいに声を出さなくなる。まずは本人の声を聞くこと，そもそも声を出せるよう環境を整えることは，成年後見人が配慮すべき視点として重要といえるだろう。

(3)　高齢者施設

　老人福祉法5条3に規定された老人福祉施設とは「老人デイサービスセンター，老人短期入所施設，養護老人ホーム，特別養護老人ホーム，軽費老人ホーム，老人福祉センター，老人介護支援センター」のことをいう。サービス内容や目的，入居条件などは施設によって異なる。ここでは主な入居系高齢者施設として介護保険施設（3種類），地域密着型施設，有料老人ホーム，養護老人ホーム，軽費老人ホーム，サービス付き高齢者向け住宅について解説する。

第1部　家族問題を理解するための法・心理・福祉

①　介護保険施設

介護保険施設は介護保険サービスで利用できる公的な施設であり，特別養護老人ホーム（特養）介護老人保健施設（老健），介護医療院（旧介護療養型医療施設）の3種類がある。

(a)　特別養護老人ホーム（特養）

在宅での介護が困難な高齢者のための介護施設で，入所期間に制限はない。高度な医療を必要とする状態とならない限り，最期まで住み続けられる。食事，入浴，排泄などの介助，居室の掃除・洗濯・買い物などのサービス，イベントの実施，趣味や体操などのアクティビティ，健康管理などが行われる。

(b)　介護老人保健施設（老健）

病院を退院して安定期にある人が，在宅復帰を目指してリハビリを受ける施設。医師や看護師による医療的ケア，食事，入浴，排泄などの介助，機能訓練，生活支援サービスなどが提供される。

(c)　介護医療院（旧介護療養型医療施設）

慢性期の医療・介護ニーズを併せもつ要介護者を対象とし，日常的な医学管理や看取り・ターミナルケア等の医療機能と生活施設としての機能を兼ね備えた長期療養・生活施設で，要介護者に対し，同一施設内で医療と介護を一体的に提供する点に特徴がある。

②　地域密着型施設

高齢者が認知症や要介護状態になっても住み慣れた地域で暮らし続けられることを目指し創設された介護サービスである。原則として，利用は要介護（要支援）認定を受けた市区町村の住民に限定されており，小規模な施設で顔なじみの職員からケアを受けたり，自宅で頻繁にサービスを受けたりすることができる。

③　認知症対応型共同生活介護（グループホーム）

認知症の高齢者が少人数（5～9人）で共同生活を送る施設である。家庭的で落ち着いた雰囲気の中で，食事の支度や掃除，洗濯などの日常生活行為を利用者や職員が共同で行うことにより，穏やかで安定した生活と本人の望む生活

5　高齢者虐待を理解するための基礎知識

の実現を目指す。

④　有料老人ホーム

　高齢者が暮らしやすいように配慮された住まいで，食事サービス，介護サービス（入浴・排泄・食事など），洗濯・掃除などの家事援助，健康管理のいずれかが受けられる。「介護付」「住宅型」「健康型」の3つのタイプがある。

(a)　介護付

　「特定施設入居者生活介護」として指定を受けた高齢者向け施設で，施設のスタッフによる介護サービスを受けられる。「自立型」「介護専用型」「混合型」などのタイプがあり，「介護専用型」「混合型」では24時間の介護サービスを受けることが可能である。施設によっては重度の認知症や要介護者でも受け入れが可能で，最近では医療ケアが充実している施設，看取り介護に対応できる施設も増えてきた。

(b)　住宅型

　介護付有料老人ホームとは異なり，「特定施設入居者生活介護」の指定を受けていない。介護サービスが必要な場合，住宅型では，外部の介護サービス事業者と利用契約を交わさねばならない。介護付であれば介護認定ごとに定められている定額を毎月負担することになるが，住宅型では，利用した分だけを負担する。

(c)　健康型

　食事などのサービスが付いており，自立して生活できる人を対象にしたホームである。生活を楽しむための設備やイベントが充実しているところが多い。介護が必要になった場合は契約を解約して退去しなければならないのが原則である（中には要支援者でも生活し続けたり，系列の介護付有料老人ホームに移れたりする施設もある）。

⑤　養護老人ホーム

　身体上または精神上または環境上の理由，および経済的理由により，家庭での生活が困難な65歳以上の高齢者を入所させて，養護することを目的とする施設である。

81

第1部　家族問題を理解するための法・心理・福祉

⑥　軽費老人ホーム

60歳以上で，自立して生活することに不安がある身寄りのない人，家族による援助を受けることが困難な人などが入居できる施設である。食事サービスの提供があるA型，自炊のB型，食事・生活支援サービスのついたケアハウス（C型）の3種類があるが，この先はケアハウスに一本化の方向である。

（a）　ケアハウス（自立型）

地方自治体や社会福祉法人などが運営する施設で，60歳以上で身寄りがなく，自立した生活に不安のある高齢者などが比較的安い費用で入所できる。

（b）　ケアハウス（介護型）

地方自治体や社会福祉法人などが運営する施設で，介護保険法の「特定施設入居者生活介護」の指定を受け，介護スタッフによる介護サービスが受けられる。

⑦　サービス付き高齢者住宅（サ高住）

主に自立（介護認定なし）あるいは軽度の要介護高齢者を受け入れており，日中は生活相談員が常駐，入居者の安否確認やさまざまな生活支援サービスを受けることができる。賃貸契約であるため入居時に多額の費用を必要とせず，退去の手続きも簡単である。

(4)　高齢者と介護者の抱える課題

65歳以上の高齢者が総人口に占める割合（高齢化率）は2018年9月現在で28.1％，日本の総人口に占める70歳以上の割合も2割を超えた（20.7％）。2016年時点では男性の健康寿命（日常生活に制限のない期間）が72.14年，女性は74.79年となっており，健康寿命は平均寿命の延びを上回る勢いで延びている。定年退職後の生活を楽しみ，地域でいきいきと活動をしている者がいる一方，近所づきあいがほとんどない，困ったときに頼れる人がいないなど社会的孤立の状況にある者も一定数，存在する。少子高齢・人口減少，地域社会の脆弱化等，社会構造の変化の中，人々がさまざまな生活課題を抱えながらも住み慣れた地域で自分らしく暮らしていけるよう，地域住民等が支え合い，一人ひとり

5　高齢者虐待を理解するための基礎知識

の暮らしと生きがい，地域を共に創っていくことのできる「地域共生社会」の実現が課題となっている。

　75歳以上になると要支援・要介護になる者の割合が高まり，日常生活に何らかの支援が必要な者が増えてくる。介護保険制度における要介護または要支援の認定を受けた人（以下，「要介護者等」）は，2019年5月現在で659.8万人となっており，今後も増加が見込まれる。国民生活基礎調査2016年版によれば，在宅の要介護者等がいる世帯は核家族世帯が最も多く，次いで単独世帯となっている。「同居」の主な介護者の要介護者等との続柄をみると，「配偶者」が最も多く，次いで「子」，「子の配偶者」となっている。介護を担う配偶者も高齢で介護力に不安があるケース，あるいは日常的に介護を担う家族が他におらず，子が離職に追い込まれるケースなどが多数，報告されている。

　日本労働組合総連合会（連合）が2014年に在宅の介護者に行った調査によれば，回答者の8割を占める介護者が介護にストレスを感じていることが明らかにされた。頻繁の排泄ケアや徘徊など認知症の症状への対応が必要になると家族介護者の介護負担は増加する。在宅介護に困難を抱える中で，虐待や心中，殺人などの事件に発展していくケースもあるため注意が必要である。

　介護が必要な世帯に対しては要介護者のみならず，介護者に対しても支援を行う必要があるが，日本において介護者に支援を行う根拠となる法律は十分に整備されていない。介護保険法は要介護者等の自立支援を目指すことが目的であり，介護者の支援を主目的にした法律ではない。高齢者虐待防止法では「養護者」への支援が規定されており，法に基づく「養護者」への支援を行うことは可能であるが，目的は支援を要する高齢者の権利利益の擁護であり，介護者支援はそのための達成手段にすぎない。

　介護者支援の先進国であるイギリスでは，1994年にトゥウィッグら（Twigg, J., Atkin, K.）が提唱した4つのモデルに基づき，介護者法の整備や施策の立案が行われている。このモデルでは，第一段階は介護者を「主たる介護資源」と位置づける。この段階では，介護者がほとんどのケアを行っていても，それは当然とみなされる。関心は要介護者におかれ，介護者と要介護者に利害関係が起こりうることは無視される。介護者は無料の資源とされ，インフォーマルなケアを公的ケアで対応しようとすること，介護者の負担を軽減することへの社

83

会的，政策的関心は低い。第二段階は，介護者を専門職の協働者と捉えるモデルである。この段階では，介護者は専門職と協働してケアに従事する人として認識される。要介護者の状態を改善することが介護者と専門職双方に共有された目的であり，そのために介護者の意欲モラルが重要とされる。介護者の負担は考慮されるが，この目的の範囲においてである。第三段階は，要介護者だけでなく，介護者自身にも注目し，介護者も支援の対象者と捉える。第四段階は，介護者を社会に生きるひとりの市民として捉える。この段階では，要介護者と介護者それぞれを個人として位置づけ，個別に支援する。介護による社会的排除，つまり，介護の役割を担うことにより，社会で活躍したり生活を楽しんだりする機会が失われることを社会で解決すべき問題と考える。

　この考え方に基づけば，日本の実践は今，第二段階にあるといえよう。今後は要介護者の状況の改善のために介護者を支援を支援するにとどまらず，介護者も援助の対象者と捉え，介護を担う人が健康を害したり，介護を理由に退職に追い込まれたり，社会での活躍の場を失ったりするなど，市民として当然得られるべき機会を失うことがないよう，余暇支援や就労支援などのさまざまな支援策を地域で展開していくことが求められている。

(5) 認 知 症

　認知症とは，一度正常に達した認知機能が後天的な脳の障害によって持続的に低下し，日常生活や社会生活に支障をきたすような状態になった状態をいう。なお，この状態は意識障害のないときにみられるものである点に注意が必要である。認知機能の低下といっても，年相応のもの忘れと認知症のもの忘れとでは何がどう違うのか，見極めることは難しい。大きな違いは，年相応のもの忘れは体験したこと全てを忘れることはないが，認知症のもの忘れは体験そのものを忘れてしまう点である。食事の内容を聞かれても思い出せないのは年相応のもの忘れといえるが，認知症の場合は食事をしたことそのものを忘れてしまう。これは周囲からすると理解しがたい状況であり，ケアする家族に大きな混乱と戸惑いを与えることになる。

5 高齢者虐待を理解するための基礎知識

① 認知症の症状

物忘れなどの記憶障害，時間や場所，人物の認識がうまくできなくなる見当識障害，ものごとを計画立てて順にこなすことが困難になる実行機能障害など（中核症状）がみられる。それに伴い，本人に興奮，徘徊，せん妄，暴力行為，睡眠障害などがみられることがある（周辺症状）。これらは BPSD（記憶障害から派生する心理・行動面の不適応症状 Behavioral and psychological symptoms of dementia）といわれており，本人が安心して過ごせるよう環境を整え，ケアの仕方を工夫することで症状を緩和することは可能である。

② 認知症の原因疾患

さまざまな疾患が認知症の原因になり得る。神経変性疾患であるアルツハイマー型認知症が最も多く，次に脳血管障害によるものが多い。その他，レビー小体型認知症，前頭側頭型認知症などがある。認知症の症状があっても，正常圧水頭症など適切な治療をすれば治るものも存在するので，早期の診断により認知症の症状の原因を見極め，適切なケアを実施することが重要である。

アルツハイマー型認知症では，脳の変性や萎縮がゆっくりと進行する。アルツハイマー型認知症の物忘れは，最近のことほど忘れる，部分的にではなく全体を忘れてしまうなど，加齢による自然な物忘れにはみられない特徴がある。アルツハイマー型認知症の進行の度合いには個人差があるが，症状が徐々に進んでいくのが特徴である。

脳血管型認知症は脳の血管に詰まりや出血が生じて血行が阻害された結果，脳細胞の死滅が生じて発症する。脳血管型認知症によくみられる状態として認知症状だけでなく，運動まひ・知覚まひ・言語障害など多様な症状を伴う，低下機能と残存機能の偏りが大きい（まだら認知症），本人に抑うつや怒り，投げやりな態度が出やすい，感情をコントロールしづらくなるなどがあげられる。脳血管型認知症の場合，脳血管障害の再発防止とリハビリテーションの実施により，機能の回復と維持がある程度可能であるため，理学療法士，言語聴覚士など，多様なリハビリテーション職の支援が必要となる。

レビー小体型認知症は，脳の広い範囲にレビー小体という異常な蛋白がたまり，脳の神経細胞が徐々に減っていく進行性の疾患である。記憶障害は認めら

第1部　家族問題を理解するための法・心理・福祉

れるが，アルツハイマー型認知症と比べ軽度である場合が多い。レビー小体型認知症に特徴的な状態としては，認知機能の変動，繰り返し出現する幻視，パーキンソン症状があげられる。幻視が強く出る，あるいはパーキンソン症状が目立つなど，同じレビー小体型認知症でも，人によって症状の出方や進行の速さは異なる。

　前頭側頭型認知症（FTD）は，脳の前頭葉と側頭葉が萎縮し，血流が低下することによってさまざまな症状が引き起こされる疾患である。他の認知症と異なり指定難病に認定されている。初期には物忘れや失語はあまりみられず，人格の変化や社会性の喪失（理解しがたい行動）などが目立つ。前頭側頭型認知症の患者は，自分が病気であるという自覚がないのが特徴である。40〜60歳代と比較的若いうちから発病するため，家族の社会的・経済的・精神的負担は大きい。早期に鑑別診断を行い，適切なケア環境を整えることが重要である。

③　認知症の人への対応

　認知症の症状が進行すると，日常生活を支える記憶に障害を受け，わからないこと，できないことが増え，自信を失い，不安に苦しみがちになる。認知症の人への対応については，その方の世界を大切にし，現実とのギャップを感じさせないようにすることがポイントとなる。また，認知症の人は起きたことは忘れても，そのときに抱いた感情は記憶が消えてもしばらく残るといわれている。自尊心を傷つけない，できないことを責めるのではなくできることに注目する，役割を奪わないことが重要である。

【参考文献】
(1)について
　法務省「民法及び家事事件手続法の一部を改正する法律について（相続法の改正）」
　　http://www.moj.go.jp/MINJI/minji07_00222.html
　松川正毅（2018）『民法　親族・相続〔第5版〕』有斐閣。
(2)について
　日本福祉大学権利擁護研究センター監修，平野隆之・田中千枝子・佐藤彰一ほか編（2018）
　　『権利擁護がわかる意思決定支援──法と福祉の協働』ミネルヴァ書房。
　法務省「成年後見制度〜成年後見登記制度〜」
　　http://www.moj.go.jp/MINJI/minji17.html

5　高齢者虐待を理解するための基礎知識

(3)について

公益社団法人全国老人福祉施設協議会

http://www.roushikyo.or.jp/contents/about/jigyo/fukushishisetsu/

(4)について

木下康仁（2007）『改革進むオーストラリアの高齢者ケア』東信堂。

日本労働組合総連合会（連合）「要介護者を介護する人の意識と実態に関する調査」

https://www.jtuc-rengo.or.jp/activity/kurashi/data/youkaigosha_kaigo_chousa_20142-4.
pdf

平成28年　国民生活基礎調査の概況

https://www.mhlw.go.jp/toukei/saikin/hw/k-tyosa/k-tyosa16/index.html

(5)について

公益社団法人認知症の人と家族の会

http://www.alzheimer.or.jp/

日本認知症ケア学会編（2018）『改訂・認知症ケアのためのケアマネジメント』株式会社
ワールドプランニング。

（湯原悦子）

第2部

家族問題の具体的事例からよむ
法・心理・福祉

少年非行の具体的事例

(1) 累犯少年の特徴――被害者意識のパラドックス

　少年たちの中には，再犯を繰り返し，罪の意識がほとんど深まらないようにみえるものがいる。彼らはもちろん理屈の上では悪いことをしたという自覚はある。ではなぜ罪意識が深まらないのだろうか。次の２つの事例に目を通していただきたい。

事例１　再犯（14歳男子）

　Ａは13歳の時に激しい校内暴力を起こし，窃盗，シンナー吸引，恐喝などで警察につかまり，家庭裁判所で試験観察に付されたが，いっこうに行動は改善されず，児童自立支援施設に送られた。しかし，そこでの生活は安定せず，１カ月に５回の無断外出を繰り返して浮浪生活を送り，バイク盗と無免許運転・物損事故を起こしてつかまったのである。
　家族はＡ，母，姉の３人家族。父はＡが４歳の時に仕事中に事故死をしている。母によれば，Ａは幼少期からその場逃れの詭弁を弄するのが巧みで，裏表の激しい行動を繰り返してきた。Ａは驚くほど嘘がうまいと母はいう。
　筆者はＡと面接したが，Ａは「僕は父親がいないことで，いじめられてきた」「僕はいつも運が悪い」「こんなこと（非行）をするようになったのは友達が悪かったからだ」などと自己弁護に終始し，自分を被害者の立場におこうとする傾向が顕著であった。

事例２　再犯（19歳男子）

　Ｂは15歳時に傷害，窃盗，放火などで家庭裁判所に事件送致され，その後，強盗強姦（未遂３件，既遂３件），強盗強姦致傷，強姦致傷などを起こして特別少年

院を仮退院したものの，さらに強盗強姦，強姦致傷を起こした。

Ｂの家族は母，兄３人，姉３人，妹の９人で生活。父親はＢが就学する直前にいわゆる蒸発して行方不明になった。母親はたくさんの子どもを抱え苦労を強いられてきた。

Ｂは無口だが，短気で立腹しやすい。「友人に裏切られた」「人は信用できない」などといい，対人不信感が強いことを示す。筆者との面接が深まるにつれて，Ｂは「自分は人とのかかわりを避けてきたが，本当はとても寂しがり屋である」と複雑な気持ちを訴えはじめた。そして，「僕は友達との関係でも，いつも除け者にされる」「いつも僕はいじめられてきた」と述べ，被害感情が根深いことを示すに至った。

以上２例をみると，共通点があることに気づく。それは，双方とも被害者意識が強いということである。

少年Ａ，Ｂ共に，罪を犯した加害者でありながら，気持ちの上では，あたかも自分が被害者のような立場に立っていることがわかる。かれらは理屈の上では悪いことをしたという自覚が一応はある。しかし，心の中では「自分は不幸である」「不運である」「不当な扱いをされている」といった被害者意識が根強く，生活や行動はむしろこのような被害者意識に左右されているために，罪悪感が深まらないのだと考えられるのである。

この「加害者でありながら被害者意識が強い」という逆説は，非行少年一般に当てはまる。このように考えると，非行少年の心理の理解とカウンセリングのポイントは，まさにこの「自らの被害者意識ゆえに罪悪感が深まらない」という点にあることが理解される。この被害者意識に対する理解とケアが非行臨床の最も重要な点であると筆者は考えている。では，なぜ，このような問題が起きるのだろうか。

いわゆる神経症者も非行少年も内面に苦悩を抱えている点では同じである。ところが両者ではその苦悩の表れ方が異なっているのである。神経症者は自らが苦しんでいくタイプ，つまり，自分を苦しめていくタイプだといえる。ところが，非行少年は周囲や他者を苦しめていくタイプである。力の向く方向が逆である。非行少年たちは，苦悩の表れ方が外へと向かう。悩みを抱えるよりも，悩みを行動でまぎらわせようとするといってもよい。「悩みを抱えられな

第2部　家族問題の具体的事例からよむ法・心理・福祉

い少年たち」（生島 1999）ともいえる。非行がしばしば行動化の病理といわれるのはそのことと関係している。しかし，非行少年も内面に苦悩を抱えていることを忘れてはならない。その苦悩を共感し理解していくことが，非行少年への支援の基本なのである。

　さて，彼らの心の中が被害者意識に満ちていること，これは彼らの心が傷つき体験を繰り返してきたからだといえる。

　実際，法務総合研究所（2001）が少年院在院者について虐待等の調査を行った結果によると，50.3％の少年（男女）に身体的暴力や性的暴力（接触や性交），不適切な保護態度のいずれかの虐待を繰り返し受けた経験があると報告されている（橋本 2004）。

(2)　被害者意識

①　被害者意識への対応と行動化

　非行を繰り返す少年たちの胸の内には，親に虐待された，裏切られた，教師に不当に扱われた等の被害者意識が深く鬱積しているのである。このような心の傷に対しては，カウンセリング的な手法で対応することになる。しかし，非行少年たちは神経症者と違って，激しい行動化が伴う。

　たとえば，カウンセリングによって，関心が自分の内面に向かい，自分の問題などへ目が向くようになると，非行少年たちは，その焦燥感，不快感などから，「一気にすかっとしたい」といった気持ちが生じ，非行行動に走ってしまうことが多い。結局は，問題行動や犯罪を繰り返し，せっかく治療者と少年の間にできあがった信頼関係をすぐに壊してしまうのである。そのため内省は深まらないのである。この行動化に対する配慮が非行カウンセリングの大きな特色である。

　こう考えると，行動化に対する対応として行動規制を課す必要があることが改めて理解できるだろう。ところが，カウンセリング的な治療は本人の自由意志を尊重するのが原則である。これはある種の矛盾である。これがダブルロールの問題と呼ばれるものである。極論すれば，非行臨床の難しさは，このダブルロールの問題に尽きるともいえる。

②　被害者意識と行動化への対応——自己決定の尊重

筆者は，この被害者意識と行動化の問題を扱う上で，「自己決定の原則を貫かせる」ことが大きな意味をもつと考えている。次の事例をみてみよう。

事例3　校内暴力（中3男子）

中3男子の事例である。この事例は学校内で担任教師に暴力をふるい傷害事件を起こした中学3年生男子Cの事例である。Cはつっぱりグループのボス的存在。体格はよいが自己表現が苦手で口数が少ない。自分たち（つっぱり）は教師から普通の生徒と差別されているという被害感を強く抱くようになり，教師に反抗。二度にわたって担任教師に暴力をふるった。

少年鑑別所に入り，約4週間の少年鑑別所生活の後，Cは試験観察決定を受けて自宅に帰った。（試験観察については，9頁参照）

[剃り込みと転校]

少年鑑別所から帰宅した後，当初，Cの生活は順調に滑り出したかにみえた。しかし，ちょうど3回目の面接のときに異変が起きた。Cが額に青々とした「剃り込み（この事件当時，非行傾向のある少年たちは，額に剃り込みを入れることを好んでいた）」を入れて現れ，筆者に「転校したい」と訴えたのである。理由を聞くと，自宅訪問にきた担任教師（本件の被害者）に対して，長兄が暴力をふるったのだという。その発端は，Cが長兄に，（自分の事件の被害者である）担任教師の陰湿さを訴えたことにある。それを聞いた長兄が立腹し，たまたま家庭訪問に来た担任教師との口論となり，暴力にまで発展したのである。

Cは「兄ちゃんまで担任教師に暴力をふるってしまった。バツが悪くて学校に行けない」といい，母親は「他県の中学へ転校させたい。転校を認めてほしい」と訴えた。

このような場合，どうすべきであろうか。本件では他県の学校に転校しても，試験観察は続行できると考えることにしよう。

筆者にはCも母親もすでに転校することを決意していると思われた。しかし，Cの額には目にも鮮やかな「そり込み」が入っている。そのような状態で転校すれば，転校先の学校で「不良」として扱われ，トラブルを起こす危険性が高まる。

結果として筆者は肝心なことは少年自身に決定させる「自己決定の原則」を

第2部　家族問題の具体的事例からよむ法・心理・福祉

貫く方針をとることにした。すなわち，「転校するかしないかは，君（C）とお母さんが決めることだよ」と話しかけた。

「自己決定の原則」を貫くことにした理由は，非行少年たちは言い訳の天才だからである。非行少年たちは，こちらから「転校しろ」といえば，転校先で不適応を起こして，少年院に送られることになると，こんなことになったのは，筆者が転校しろといったからだと筆者のせいにする。逆に転校するなといえば，現状でうまくいかなくなって不適応行動を起こせば，それは筆者が転校するなといったからだと筆者を責める。いずれにせよ筆者のせいにするのである。

筆者はそのような苦い思いを再三経験してきた。したがって，非行カウンセリングの基本はあくまで自己決定の原則を貫き，それでうまくいけば励まし，うまくいかなければ，その責任を自分のものとして考えさせることに尽きると考えるに至ったのだ。

筆者は少年に「転校するかしないかは君とお母さんが考えることだ。ただし，その剃り込みのままでは，最初から不良として目をつけられることになる。だから，その剃り込みが生えそろうまで待って，その間ゆっくり考えたらどうだろうか」と話し，「剃り込み」というものを治療的に利用する方策をとった。

Cと母親は転校することに決めたようだった。一方，学校側もCのために転校に向けて特別カリキュラムを組んだ。まさに転校する方向で家庭も学校も動きはじめたのである。

ところが，それほどうまく事は運ばなかった。突然Cの「転校の気持ち」が揺らぎはじめたのである。学校側も母親も動揺した。何故，少年が転校を嫌がるのか，その理由がよくわからなかったからである。しかし，その理由はのちに判明した。少年に対して生徒指導を担当している教師よると，「S子という女子生徒が好きになった」というのだ。

母親によれば，「Cは意外に奥手で，Cにとって恋愛ははじめての経験だ（母親）」という。Cは転校するかどうかで気持ちが揺れ，そのために素行が乱れはじめた。

そんな中で，学校側は「転校させた方が少年のためになるのではないか」

94

「転校するように（筆者から）指導してもらえないか」と何度も求めてきたが，筆者は「転校するかどうかは本人と親が決めること。とにかく剃り込みが生えるまで待ちましょう」と繰り返した。愚直なまでにこの姿勢を一貫してとり続けたのだ。

　そんな流れの中，ついにＣは「転校しない」ときっぱりと決意したのだった。

　その後，生活が揺れる面はあったが，Ｃは生活を立て直し，無事卒業していったのである。面接を終了するにあたって，筆者がＣに，「一番辛かったのは何時だったか」と尋ねたところ，Ｃは「転校するかどうか迷っていたときが一番辛かった。でも，転校しなくてよかった」と述べたのが印象的であった。

　まずこのケースで筆者が留意したことは，転校問題に対する対応であった。つまり，Ｃと母親が転校を言い出したときに，「転校するしないは自分が決めること」（自己決定）と促しながら，「しかし，（その決定を）剃り込みが生えるまで待つように」との姿勢をとったのだ。髪の毛が伸びる速度は誰もコントロールできないところに意味があった。その時間を利用できたのが幸運であった。

　すでに述べたことだが，非行臨床にはダブルロールという難しい問題が存在する。非行少年の対応においては，少年の行動規制を課す役割と，少年の自由意志を尊重するという２つの役割が求められ（ダブルロール），その相克に非行臨床に携わるものはしばしば困惑させられるというものである。筆者は，これに関して「行動規制を課すがゆえに，だからこそ，肝心なことは自分で決定させるという自己決定の原則を貫くことでバランスが保たれる」と考える。自己決定なくして責任感は生まれないと考えるのだ。

③　逆説には逆説を

　本項では，非行臨床の難しさの原因を，非行少年の行動化にあると考えた。そして，彼らが行動化を繰り返し，内省が深まらない原因は，非行少年たちは加害者であるにもかかわらず被害者意識が強いためだと考えた。そして，少年の自己決定を重んじる家族システムを構築できるかどうかが大きなポイントになると論じた。

　このことは次のように考えることもできるのではないだろうか。

第2部　家族問題の具体的事例からよむ法・心理・福祉

　非行少年たちは「加害者であるにもかかわらず被害者意識が強い」という，いわば逆説的な存在である。一方，対応はどうかというと，「行動規制を課しつつも，自己決定を重んじる」ということになる。これも逆説性をはらんでいることがわかる。つまり，非行少年たちは「加害者であるにもかかわらず被害者意識が強い」という，いわば逆説的な存在であるからこそ，この逆説的存在に対する治療的対応もまた，「行動規制を課しつつも，自己決定を重んじる」という逆説的なものにならざるを得ないのではないか。ここに非行臨床の難しさがあり，それは同時に臨床家にとって，臨床活動を行う上での妙味となるのである。

(3)　さまざまな少年非行の理解

①　暴力非行

　暴行，傷害など暴力が伴う非行を一般に暴力非行と総称している。少年たちの中には些細なことで激高し，一端怒り出すと，その怒りはなかなか収束しないものもいる。彼らの多くは「手加減する」といった対人技術の習得が未熟で，そのために，自分が想像していた以上のダメージを被害者に与えてしまう。そして，場合によっては，傷害致死といった重大な事件にエスカレートすることもある。

事例4　集団リンチ（中3男子）

　　中学3年生の少年を無職少年（16歳），高校1年生（16歳），中学3年生（15歳）の3人が呼び出し，深夜，人気のない公園で暴力をふるい，傷害を負わせた。被害少年（中3男子）から，からかわれた中3少年が，先輩に相談（告げ口）し，事件に至った。

　悪質な少年犯罪，とりわけ暴力事件はしばしば集団関係の中で生起する。そして，成人事件ではまずみられないような残虐な行為に発展することがある。
　そのような少年たちの残虐な行為の背景には，少年特有の見栄や思惑が介在していることがしばしば指摘できる。例示すると，後輩に自分が強いところを

96

見せつけたい。軽く見られたくない。あるいは、逆に先輩に良いところを見せたい。先輩の指示に従わないと自分自身が暴力を受ける等、お互いに刺激し合って犯行が予想外にエスカレートしていくのだ。気がつくと、普通では考えられないくらい残虐な行為に至っていたというのが少年事件の1つの特徴である。少年一人ひとりでは、まずそのようなことはできないにもかかわらず、結果として、集団で残虐非道な行為に至ってしまう。少年個人と一対一で対面すると、その犯罪内容の残虐さと目の前にいる弱々しい少年像の著しいギャップに驚かされることが多い。

　暴力が問題になる子どもの場合、ほとんどが親から体罰などの暴力を受けている。川崎市で起きた死亡事件をみると、主導した無職少年（19歳）の父親は公判に出廷し小学校低学年からの体罰を明らかにした。暴力をふるう少年たちの多くは、生育環境の中で、親から暴力を受け、その結果、暴力による問題解決を学習してしまっている。また、このような少年たちは暴力事件の加害者でありながら、心の中では「自分こそ被害者である」という気持ちがあり、それがすさんだ気持ちを醸成し、暴力による支配をエスカレートさせる。

　遊間（2000）は、暴力非行を犯す少年の人格の特徴として、社会化不全、人格の未熟さをあげ、さらに次のような特徴を述べている。(a)行動が一時の感情に支配される。(b)感情の安定性に欠け、おかれた状況に大きく左右される。(c)わがままで思いやりに欠ける。(d)脆弱な自己像と自己肥大の間の揺れ動き。

　暴力非行を行う少年には、他者から肯定的に評価されていないという被害感が認められることが多く、このような少年は自尊感情が傷つきやすく、それが暴力非行行動につながると考えられるのである。

②　薬物非行

　薬物非行の1つの特徴は罪悪感が生じにくいということである。これは女子の性非行とも共通している。これらの非行は被害者無き非行（犯罪）ともいわれ、被害者がいないのである。あえていうなら、被害者は自分自身だということである。「お前の体がダメになる」と指導しても、「自分の体がどうなろうと人に注意される筋合いはない」などと反発を受けることにもなりかねない。また、法律で禁止されていない薬物を乱用し、法の目をくぐろうとする者も後を

第2部　家族問題の具体的事例からよむ法・心理・福祉

絶たない。これは脱法ドラッグの乱用といわれるものである。法律で規制して
も，すぐに法律で規制されていない薬物を見つけては乱用し，法律と薬物のい
たちごっこが行われるのである。

事例5　シンナー乱用（16歳女子）

　シンナー（有機溶剤）を乱用しながら自動車を無免許運転したケースである。
　父母はAが1歳の時に離婚。母親は支配的な人物で，Aのことを「口数が少な
くておとなしい」という。Aは不思議なシンナー体験を語った。「ひとりで吸うの
は怖い」といい，「友達と一緒に吸うと楽しい。そして，自分の中の別の面が出て
くる」「普段とは全く逆の自分が出てきて」「自分で自分が恐ろしくなる」「何をして
も怖くないという気持ちになる……シンナーから覚めると，そんな気持ちになっ
ていた自分が恐ろしくなって冷や汗が出る」と述べた。
　心理テストを使ってAの内面を理解していったところ，「口数が少なくておとな
しい」というのは，母親が作り上げたA像であることがわかってきた。実際は，
この少女は母親そっくりな性格，すなわち非常に支配的な性格であることがわかっ
た。
　母親の前では自分本来の性格を出すことができず，シンナーを使うと，その本来
の性格が出てくること，そして，それが非常に快感であることなどが理解された。

　このように一般に薬物は乱用者の最も弱い部分を探して出して，そこを支え
る。薬物乱用の指導には，薬物をやめさせ，規則正しい生活をさせる指導と，
薬物によって補償されるような，自分の弱い部分と直面し，そこを改善してい
く指導が求められる。
　しかし，指導はなかなか困難である。それは次のような理由からである。ま
ず，薬物乱用者は，自分の方が薬物については指導者よりよく知っているとい
う間違った自負心があることが多い。また，薬物の怖さをDVDや映画で指導
しても，その恐怖感を友人同士で支え合うために，指導が深まらない。さら
に，きわめつけは，DVDなどで，過度に不安感や恐怖心を刺激すると，今度
はその不安や恐怖を薬物乱用によって紛らわせようとする行動に出るのであ
る。薬物乱用から立ち直った者による講話や，自助グループに参加するなどし
て，お互いに支え合うことなどが効果を上げている。

98

1 少年非行の具体的事例

③　性非行

　性非行とは一般に，少年非行のうち，強姦（強制性交），強制わいせつ，公然わいせつ，売春など，法に規定されている直接的な犯罪行為に加え，下着窃盗やのぞき見等の間接的に性的な欲求充足を求めて行われる逸脱的（倒錯的）行為の双方を指す。男子と女子ではその態様や意味が異なる（②「薬物非行」の項を参照）。ここでは男子の性非行を中心にまとめることにする。

事例6　下着盗（15歳男子）

　干されていた洗濯物から女性の下着を盗もうとして捕まったもの。
　家族は過干渉な母親と不在がちな父親の3人家族。本件の内容を知って母親は動揺が大きく，どう対応してよいかわからないと相談室を訪ねてきた。

　Aはその他に非行歴はなく，警察に捕まったのも初めてである。性非行は性衝動の問題として考えがちであるが，この事件のような下着盗は思春期の自我の発達問題として考える方が適切である。親離れの際にしばしば起こるからである。過干渉な母親の呪縛から自由になろうとする心理プロセスの中で，このような非行が起こることがある。男性的自己主張の現れと理解できることがしばしばある。ただし，汚れた下着を盗む行為は別である。かなり慎重な理解と対応が必要となる。

事例7　仲間による強姦（強制性交）（17歳男子）

　17歳の3人組。男子高校生2人と高校中退の男子による輪姦事件。3人は遊び仲間で，盛り場では飲酒の常連である。女性との性的な遊びも普段から行っている。20歳と偽って，19歳の女子大生と飲酒し，その後，公園で本件に至った。

　強姦事件は，集団によるものが圧倒的に多く，ひとりで行うものは非常に少ない。集団で行われる場合は，所属する交遊集団に大きな影響を受けている。リーダー的な人物を除けば，それ以外は同調的行っている場合が多い。このグループも高校中退の男子が主導し，あとの2人はそれに同調した傾向が強い。主導した男子はいわゆるナンパの延長と捉えており，罪悪感は乏しい。その他

99

第2部　家族問題の具体的事例からよむ法・心理・福祉

の2人は戸惑いが強かったが，酔った勢いで，この人物に「つきあってしまっ
た」と述べていた。非常に後悔をしていた。

　一方，単独による強姦は，内向型の性格で，仲間から孤立していることが多
い。根深い自信の乏しさがあり，行為には男性性の劣等感を埋め合わせようと
する意味合いをもつ場合がしばしば認められる。

　性衝動の問題だけではなく，相手への支配欲求の問題が背後にある場合が多
い。その点の理解も重要である。

　強制わいせつは，暴力的に被害者を支配する点で，強姦とかなり共通するも
のがあるが，通常は単独で行うため，単独強姦型に近い。性交を目的としない
ことも多い，時には男児に対して行われる。総じて，性的に未熟で性衝動の抑
圧が強い場合が多い。

　思春期における性の発達は性欲のコントロールと「性」と「愛」の統合とい
う2つの要素をもつ。性非行については，一般的に「性」と「愛」の分離や未
統合が顕著であるといえる。

(4)　万引きなど軽微な非行の理解

①　万引きの動向

　従来，万引きはグループで行われることが多いと指摘されてきた。しかし，
最近の傾向をみると，単独犯が増えてきている印象がある。神奈川県警察がま
とめた「万引きの実態等に関する調査結果」（神奈川県警察 2006）によると，
1989年では，単独と2人以上はほぼ同率であったが，2005年は単独が上回って
いる（図表1-1）。また，男女比では，2005年では女子が上回っている（図表1
-2）。

図表1-1　単独かグループか（万引き）

	1989年	2005年
単独	48.4%	66.3%
2人以上	50.8%	33.7%
無回答	0.8%	0%

図表1-2　男女比（万引き）

	1989年	2005年
男子	124人（49.6%）	33人（31.7%）
女子	126人（50.4%）	56人（62.9%）

②　万引きの実際

事例8　集団での万引き（高校1年生女子）

　A（高校1年生，16歳）は，ブティックで衣料品を万引きをして捕まった。今までに補導歴はない。高校にもごく普通に通っている。ところが，警察が調べてみると，彼女はこれまでに十数回万引きをしていると話し，盗んだ物の総合計額は10数万円にも上っているのことが判明したのである。

　Aが万引きをするようになったきっかけは，3カ月ほど前のある事件からである。Aは，B，C，Dと学校帰りに大型スーパーに立ち寄った。スーパーには特に用事はなく，暇つぶしに立ち寄ったのである。ところが，その時，Bが口紅を手早くバッグに入れて万引きしたのである。4人は足早にスーパーを出て，この万引きは見事に成功してしまった。「この店は簡単に万引きができるということを友達から聞いていた」とBはいい，Aはこれほど簡単に万引きができることを初めて知ったという。それから，Aは万引きをするようになり，ますます弾みがついた。4人はお互いに万引きをしては戦利品を見せ合うようになった。

　万引きの特徴は罪悪感が希薄だということである。神奈川県警察の資料（神奈川県警察 2006）によれば2005年の調査では，「捕まった原因」につての質問に，少年たちは，別に原因などない（53.6%）運が悪かったから（26.2%）などという回答をあげている。非常に軽い気持ちで万引きに及んでいるのである。また，みんながやっているという思いも犯罪の大きな動機である。図表1-3をみてほしい。

　神奈川県警察の資料（神奈川県警察2006）によると，万引きをした少年少女のうち，約4割以上の者が，「かなりの人がしている」「誰もがしている」と認識している。

図表1-3　規範意識（万引き）

規範意識（万引き）	1989年	2005年
誰もがしている	1.3%	6.0%
かなりの人がしている	38.9%	40.5%
している人は少ない	31.6%	38.1%
ほとんどしていない	26.5%	9.5%
無回答	1.7%	6.0%

　万引きをする若者たちの間では，実際以上に万引きは多くの人たちがやっているという歪んだ認識があり，そのことが，この非行の1つの動機にもなっている。「みんながやっているから」という歪んだ認識は，犯罪を犯すことに対する罪悪感を軽減すると考えられるの

第2部　家族問題の具体的事例からよむ法・心理・福祉

図表1-4　所持金（万引き時）（2005年）

所持金なし9.5%）
500円未満（20.2%）
500円以上1000円未満（11.9%）
1000円以上5000円未満（36.9%）
5000円以上1万円未満（7.1%）
1万円以上（14.3%）

図表1-5　動機（万引き）（2005年）

どうしても欲しかったので（38.1%）
その場で急に欲しくなったので（16.7%）
お金を出して買うのがばかばかしかったので
　　　　　　　　　　　　　　　　　（14.3%）
友達と居て，何となく（10.7%）

である。

　また，「みんながやっているのに自分だけやらないと，仲間はずれになる」「弱虫に思われる」「みんなと同じことをして，仲間として認められたい」という思いが，「同調行動」としての非行を促していく。

　さて，図表1-4，1-5の2つの表（神奈川県警察 2006）をみると，万引きをしたとき，多くの少年少女たちが現金を所持していることがわかる。1万円以上の現金を所持していた少年少女が14.3%もいるのである。万引きの動機として，「お金を出して買うのがばかばかしかったので」（14.3%）ということにもなるのであろう。

事例9　万引き（高校1年生女子）

　Eはブティックでセーターを万引きをして捕まった。家庭は父親は一流企業のサラリーマン。母親は時々パートで仕事をしている。経済的には裕福と思われ，月2万円の小遣いをもらい，さらにアルバイトで月3万円程度の収入を得ている。金銭的には，不自由のない生活をしていると考えられる。しかし，仲良くなった友人から万引きの見張り役を頼まれて手伝い，分け前として5000円相当の装身具もらったことに味をしめ，今度はひとりで本件を敢行し捕まってしまった。補導後，警察官の印象では，Eは，「欲しかっただけ」「（友人の）Yだって（万引きを）やっている」など罪悪感が希薄で困ったという。

　「自分だけお金を出すのはつまらない。損だ」という動機は，女子の万引きの動機としては比較的多い。年頃の女子にとっては，自分が欲しいもの，流行のもの，ちょっと大人っぽいファッションなどと，親が買い与えてくれるものとの間にズレがあるのが普通である。これが万引きの動機になることもある。一方，男子の万引きでは，勇気試し，能力の証明，仲間意識の確認，スリルを

楽しむ，などの遊戯的・冒険的な動機が比較的多い。

神奈川県警察の資料（神奈川県警察 2006）によると，万引きをしたとき，多くの少年少女たちが現金を所持していることがわかる。1万円以上の現金を所持していた少年少女が14.3％もいるのである。万引きの動機として，「お金を出して買うのがばかばかしかったので」（14.3％）ということにもなるのであろう。

このような万引き少年少女の成り行きは，おおむね良い。

しかし，不良集団の一員として万引きや自転車盗などを行っている者の場合，盗みは他のあらゆる種類の犯罪へ発展していく。万引きはあらゆる非行・犯罪の入り口ともいえるのだ。

次の事例はどうだろう。

事例10　強盗事件——凶悪事件と軽微な事件

　4名で原付バイクに乗っている少年を呼び止め，暴力をふるって原付バイクを強奪した。動機は，どうしてもバイクに乗りたかったからだという。

彼らの動機は単純である。どうしても原付バイクに乗りたかったのだという。単に乗りたいだけであれば，バイクを盗めばよいのである。しかし，暴力をふるってバイクを強奪したところに本件の特徴がある。単に原付バイクを盗んだというのであれば，比較的軽微な事件といえよう。しかし，本件のようになれば強盗事件であり，凶悪犯罪ということになる。万引き，バイク盗などの軽微事件は簡単に手を染めやすい。しかし，軽視してはいけないことが理解される。そこには凶悪犯罪への発展が待ちかまえている。軽微事件と凶悪事件の垣根は意外に低いのである。

【参考文献】
(1)について
　生島浩（1999）『悩みを抱えられない少年たち』日本評論社。
　井上公大（1980）『非行臨床——実践のための基礎理論』創元社。
　橋本和明（2004）『虐待と非行臨床』創元社。
(3)について
　村尾泰弘，（2012）『非行臨床の理論と実践——被害者意識のパラドックス』金子書房。

第2部　家族問題の具体的事例からよむ法・心理・福祉

　遊間義一（2000）「境界例的心性と非行」安香宏・村瀬孝雄・東山紘久編『臨床心理学大系
　　20巻　子どもの心理臨床』金子書房。
(4)について
　神奈川県警察（2006）「万引きの実態等に関する調査結果」。

（村尾泰弘）

ドメスティック・バイオレンス(DV)の具体的事例

(1) DV 事例の包括的理解とその支援

　筆者は民間相談機関（私設相談機関）やNPO法人の臨床心理士（公認心理師）としてDV，児童虐待，ハラスメント，アディクション等の問題に関わっている。DVという言葉が一般に日本で使われ始めて25年ほどが経つ。DVへの介入は現在大きな変革期を迎えているように思われる。特に，加害者や子どもへの関心は今までになく増している。時代の転換点にあたり，本章では積極的に世界と日本の潮流を示し，事例をもちいて整理しつつ今後の展望を考えたい。

　この章ではまず事例を理解するために，DVを4つの角度から概観する。次に事例を通して，介入と支援の在り方について考えを述べる。まとめとしてそれらの支援を支える地域づくりのモデルを提示する。

(2) DV の概観

　基礎的な理解のためにDVを4つの角度から取り上げてみよう。①ジェンダー化された暴力としてのDV，②家族全体の問題としてのDV，③加害者臨床の一領域としてのDV，④民法上の観点とDVの4領域である。

① ジェンダー化された暴力 (Gender Based Violence) としての DV

　ジェンダーにかかわる問題としては性暴力・性犯罪，ポルノ，女性へのセクシャルハラスメント，性産業への人身売買などがあり，DVもその1つとされている。そのような暴力をWHOは「Gender Based Violence」と名づけている。被害者の性別を問わず，身体的暴力・性暴力の加害者の8割以上は男性である（ABS Personal Safety Survey 2013）。日本国内でもDVの被害者の約8割

第2部　家族問題の具体的事例からよむ法・心理・福祉

は女性，加害者の8割が男性である（平成30年におけるストーカー事及び配偶者からの暴力事案等への対応状況について警察庁ウエブサイト参照。https://www.npa.go.jp/safetylife/seianki/stalker/H30taioujoukyou_shousai.pdf）。暴力被害の程度は女性の方が大きくなりやすく，女性への暴力の多くは個人的な文脈や親密な関係において発生している。数字からもDVはジェンダーにおける力関係の非対称と深い関係があることが見えてくる。

　DVとフェミニストらの運動とは切り離せない。1970年代に始まる第二派フェミニズムは，男性がもつ社会的特権への批判，男性から女性への暴力の解決にも視点を向けてきた（竹村 2007）。フェミニストたちは女性シェルターの設立，暴力被害者の支援，DV加害者プログラムの創設へと至っている。DV加害者プログラムの草分け的存在であるドゥルーズモデルが作成した「暴力の車輪」（Pence & Paymer 1993；翻訳 2004）は，暴力が単なる粗暴な行動ではなく，力による支配であることを表しており，加害者が自分の暴力に対し説明責任（accountability）をはたすことの重要性を示している。「暴力の車輪」はさまざまな言語に翻訳され，現在でも用いられている。また1979年，レノア・ウォーカーが「バタードウーマン」を著した（Walker 1979；翻訳 1997）。女性たちは「暴力のサイクル」の中で「学習性無力感」の状態に陥ることを示し「嫌なら逃げるだろう。逃げない女性が悪い」などの言説が誤解であることを説いている。

　日本においてもDV被害者支援の基本を作ってきたのはフェミニストたちである。被害者を守る制度や法律も何もない中から被害者を「隠して逃がす」支援を作り上げていった。加害者に知られないように家を出た被害母子は加害者からの追跡を逃れるため，名前を変え，他県に移って生活をせざるを得ないことも多かった。この支援を支えてきたのが，売春防止法による一時保護所と児童福祉法による母子生活支援施設，そして，民間シェルターや民間ステップハウスであった。支援者たちは「加害者は変わらない。暴力に対しできることは逃げること」という理解に立ち女性どうしの支え合いを軸とした。

　同居を望む事例への支援には課題が残ったが，2001年の「DV防止法」施行以降は，被害母子を保護し，保護命令を申し立て，加害者に知られることなく転居させることが支援のスタンダードになった。

しかし近年，DV の相談件数は上昇したにもかかわらず，一時保護所の利用率は減少し，民間シェルターの閉鎖も続いた。その理由は SNS やインターネットの普及，面会交流の義務化ともいえる状況により，完全に加害者と隔絶することが困難となったことが挙げられる。また，一時保護期間中の携帯電話や仕事などの制限も一因だと推測されている。

2019年，政府が婦人保護事業の見直しとして，民間シェルターへの補助等の改革を開始した（厚生労働省 2019）。しかし，逃げることはさまざまな社会的リスクを伴う。逃げる前後に再被害のリスクは高まること，社会的スティグマ，失業，身を隠せば近親者にも加害者からの危険が及ぶこと，子どもの連れ去りや虚偽 DV だと夫から訴えられる可能性などきりがない。これらより逃げる算段をつけた後にそれを撤回してしまう被害者も少なくない。被害者支援員が妻をそそのかしたと，加害者から怒りを向けられることもある。支援員にとっても負担は大きい。被害者の自己決定と自己責任の扱い方は被害者支援において大きなテーマだ。DV の被害者支援は，これらの課題を乗り越える新たなストラテジーを模索している。

②　家族全体の問題としての DV

１つの家庭の中で複数の暴力が起きることはまれではない。子どもの DV 目撃は心理的虐待である。児童虐待と DV の合併の頻度も高い。DV は女性（パートナー）のみならず子どもにも長期的に多大な影響をもたらす（Jaffe 2015）。1990年代の北米などでは DV があると子どもは親と離れ保護された。児童保護の観点から暴力のある家庭は子どもの養育に不適切とみなされたからだ。同時に DV が犯罪として扱われるようになり，加害者の夫が逮捕されると，被害者には夫と子ども両方を失う可能性が生じてしまったのである。DV の犯罪化，強制逮捕・強制分離の政策は，被害者を追い込む矛盾した結果となってしまった（Marcus 2012）。

一方で，オーストラリアなどを中心に，パートナーへの暴力が家族内にもたらすダイナミックスや，共同親権における家族を扱うために Family Violence（FV），Family Domestic Violence や Domestic Family Violence（FDV/DFV）という言葉を用いることも多くなった。DV が個としての尊厳や，個人として

パートナーから安全に扱われる権利（人権）に重点をおく一方，FV としての
とらえ方は個人を超えた家族全体の影響に関心を向けている。

2000年代に入ってからは，刑事司法的正義と家族全体の安全と福利の両立を
めざし各国が多くの労力を注いできた。一般の刑法犯と区別して処遇するため
DV コートやインテグレイテッドコートと呼ばれる専門裁判所の設立をはじ
め，地域における DV と虐待の多機関統合的な対応と情報共有システムの構
築，母親業の観点からの DV 被害女性への支援，DV 加害者プログラムと良き
父親になるためのプログラム（McConnell 2016）の提供，面会交流の制限や指
導などが発展した。日本でも DV と虐待を統合的にみる政策が始まりつつあ
る（すべての女性が輝く社会づくり本部 2019）。今後の展開が期待される。

③　加害者臨床の一領域としての DV

北米を中心とした DV の犯罪化の流れとともに司法的処遇がフェミニスト
らによる加害者プログラムの実践に合流し，DV 加害者への介入は司法臨床の
一領域としても発展してきた。その1つがリスクのアセスメントとマネージメ
ントの手法，もう1つが加害者プログラムである。

(a)　リスクアセスメントとマネージメント

再暴力のリスクを評価し，そこから導きだされる再発予防策を実践すること
をリスクのアセスメントとマネージメントという。リスクアセスメントの目的
は警察等での迅速なトリアージだけではない。リスクアセスメントツールの開
発と活用，リスクのレベルに則した地域での処遇と被害者の安全確保が工夫さ
れてきた。これらを用いて参加すべきプログラムの種類や優先順位，接近禁止
の条件なども設定している。また DV 加害者プログラムにおける対応にも生
かす。近年では本人と関係者が協働して今後のリスクをマネージする手法も始
まっている（Horstead & Cree 2013）。被害者やその支援者が将来について判断
する根拠がないまま，振り回されてしまうことのないよう，リスクの観点を被
害者の安全計画に統合することも重要である。

このようなリスクの査定にあたり，加害者からの情報と被害者から得られる
情報には当然ギャップがある。リスクアセスメントの正確さを高めるために
は，多機関での情報共有が必要である。リスクアセスメントの観点からも地域

連携の重要性は高まっている。

(b) DV加害者プログラム

DV加害者プログラムはフェミニストらによる開始当初，加害者が内面化している男性中心的価値観や男尊女卑的態度をun-learn（学び落とす）し，女性を対等に尊重する態度を身に付けることに重点が置かれた。また，加害者が暴力についての説明責任（accountability）をきちんと果たせることが期待された。その後DVの犯罪化により刑務所内の性犯罪者へのプログラムなどの影響をうけ，認知行動療法とフェミニスト的アプローチの統合的プログラムが多くの地域で採用された。それだけでなくナラティブセラピー，修復的司法など多彩なアプローチが展開され，対象も先住民コミュニティーや女性加害者へと広がっている。北米では裁判所等からの受講命令によるプログラムが普及し，オーストラリアや北欧などでは，NGOを中心とした地域ネットワークにプログラムが根づいている（Swedish Association of Local Authorities and Regions 2018）。DV加害者プログラム単独での効果については，現在のところ説得力のあるデータの集積があるとはいえないが，プログラムを含んだCCR（Coordinated Community Response）と呼ばれる地域連携に意味があると考えられている（Shorey 2014）。

日本においては，この10年で民間のDV加害者プログラムの数が飛躍的に伸びている。政府は加害者対応の手法は有効との認識に立ち，包括的な被害者支援体制の構築に大きく舵を切った。リスクアセスメント指標を用いた機関間連携やLGBTカップルへの支援などは今後の課題である。

④ 民法上の観点とDV

被害母子が安全のために離婚や別居を決断する時，否応なく監護権・親権，面会交流，養育費等の問題に直面する。これらの解決のために被害者は家庭裁判所の調停・審判・裁判の制度を利用せざるを得ないことが多い。しかし調停の目的は「紛争の解決」であり，加害者が暴力の責任を取るためではない。紛争に折り合いをつけるための場は子どもや財産を巡っての闘争の場になっていく。面会交流の取り決めにあたり，子どもの意見をどのようにして正しく理解できるのか，母子が面会交流に対応可能な回復段階にあるか，など難しい議論

第2部　家族問題の具体的事例からよむ法・心理・福祉

を含んでいる。海外先進国では親権等の問題と加害者プログラムへの導入を同時にすすめるインテグレイテッドコートなどへと発展しているが，日本においてはDVの現実と司法制度との矛盾は拡大し複雑化している。

(3)　事例を通した議論と提案

事例1　DVと虐待の統合的支援に向けて

　ここでは，社会に衝撃をあたえ，DV，虐待の政策の転換，法改正をもたらした事例を取り上げる。事例の概要は以下の通りである。
・10歳のAが父親の虐待によって死亡したことから，次のような経過があったことが分かった。
・事件の数年前に母方親族が父親のDVについて相談しているが，当事者でないことから積極的な支援を受けられなかった。
・Aは父親の身体的暴力を学校に伝えたが，それを知った父親が学校に暴言をいった。
・児童相談所（以下，「児相」）がAを保護した際，母親はDVを児相に訴えたが，DVの相談機関の情報提供を受けたのみ。その後，一時保護解除。
・父親は転居を実行，見ず知らずの土地にはDV・虐待について十分な情報が伝わらなかった。
・母親も虐待に加わっていたとして，逮捕され保護観察処分となった。

①　ジェンダー化された暴力としてのDVの観点から
・事例に存在するジェンダーの非対称と力関係を見抜く
・被害者へのアプローチ方法

　一般的に，社会的ポジションや経済力により女性はジェンダーによる力関係の劣位にあり，さらに家庭内のケア役割と子どもへの責任を担わされている。女性にケア役割を期待する社会の価値観は個人に内面化される。暴力の被害を受けていることで，子どもに対して罪悪感や恥の感覚を抱く母親は多い。恥や罪悪感は孤立，誰かに相談することへの怯えを生む。この事例では近親者がDV相談に行っていた。その時点で被害者が自ら相談に行くことのハードルは相当高くなっていたとみるべきだろう。

しかし，被害者は無力ではない。被害者は自尊心（dignity）を守るために力（暴力）に抵抗し，どんなに少しであろうとも力を押し返そうとする。それを「抵抗（resistance）」という。一方，加害者は被害者の抵抗の程度を見込み，より大きな力を使いそれを抑圧する（Wade 1997）。たとえば，相手が部屋から逃げだそうとすることを予測して，自分がドア側に立つなどである。それにより，被害者が逃げようと暴力に抵抗していたことは外部からも，被害者自身からも気づかれにくくなる。事例1の母親が自らDV相談には行くことはできなくても児相にDVを訴えたことはひとつの暴力への抵抗であったとみるべきだろう。家庭に介入してくれた児相のスタッフには話そうとしたのだ。

私たちは被害者に相対するとき，専門家へのコンタクト自体が抵抗の行為であることを認識し，尊重し，その力の存在に被害者自身も気づけるよう働きかける必要があるだろう。被害者のカウンセリングは加害への抵抗，すなわちすでにその人にある自尊心を守ろうとする力を認識することから始まる。被害者へのエンパワメントが重要であると一般にいわれるが，エンパワメントは状況が落ち着き，被害者が安全を確保しているときにしか機能しない（Wilson, Smith, et. al 2015）。筆者の勤務する民間相談機関では，グループでのカウンセリグも行っている。他の参加者とのつながりと承認も，抵抗に気づき，自尊心を高めるために有効な手法である（信田 2017）。

② 家族全体の問題としてのDVの観点から

・面前DVの影響
・子どもを守るために母親への支援が必要な理由

「面前DV」または「DV目撃」は子どもの目前での暴力だけではない。子どもは大人が想像するよりもはるかに状況を理解しているものだ。夜中に怒鳴り声で目が覚め，怖さで近寄ることもできずに過ごす。散乱する物，母のけがが，母が父親の機嫌に神経をとがらせる様子などから何が起きているかを察している。子どもの大切な母親を痛めつけることは，子どもの大事にしている持ち物を壊すことと同じことであり，子ども自身を痛めつけることだ。

DVの目撃は子どもが将来暴力の被害者や加害者になるリスク，精神的問題や身体疾患を抱えるリスクを数倍に高めることがさまざまな研究から明らかに

なっている。その具体的影響としては①男女の関係のあり方や暴力を学んでしまうこと，②父，母双方への心理的つながりが混乱し，引き裂かれること，③両親がけんか（小学校までの理解力では力関係を読み解くことは難しく，けんかと理解することが多い）するのは自分のせいだと感じ，両親の間を取り持とうとして責任を負ってしまうこと，④母親がダメだから父親を怒らせるのだと受け止め，母親への尊敬がなくなることなど多岐にわたり，その結果母子の関係自体も破壊される（Harris 2014）。また，子どもの年齢，出生の順位や性別によって影響の受け方は異なる。

　近年では面前 DV は心理的虐待の通告件数の70％余りとなる。それらの子どもたちは家庭の中に暴力があることを秘密にしなければならないと考えている（ダーレ〔翻訳〕2011）。筆者らは母親と子どもが暴力のダメージから回復することを目的としたプログラム（Paddon 2006；翻訳 2010）を長年実施してきたが，そのスタートは暴力について話しても安全な場と関係性をつくることである。

　事例１では面前 DV と身体的虐待が合併している。A は学校に父からの暴力を伝えた。それは DV や虐待に対する「抵抗」のひとつの形であったと考えられる。転居という父親の力でその抵抗は抑圧されてしまったが，A がけっして無力ではなかったことに敬意をはらうべきだろう。虐待や面前 DV に対し，通告と現認だけでなく，子どもが学校や児童館などの一角で親の暴力について語り，心理教育を受けられる機会を提供することができれば，多くの子どもを支えることができるだろう。

　ところで，この事例では母親が逮捕されたが，「母親が DV を受けながら子どもを守れるか」という問いをどのように考えるべきだろうか。

　加害者は DV と同時に，妻の大切な子どもに直接暴力をふるうことで母子双方をコントロールできる。父親の忠実な家臣に母親がならなければ母親も子どもも暴力を受けるとしたら，母親は家来として父親よりはマシな暴力を子どもに向けることで打撃を減らす選択をするだろう。同時に，「この子さえいなかったら」と混乱した認知が生じる可能性もある。親と暮らす子どもの安全を守ることは子どもをケアする親の安全なしに可能だろうか？　飛行機の離陸前のビデオの中で，先に酸素マスクをつけるのは母親であって子どもではない。

2 ドメスティック・バイオレンス（DV）の具体的事例

この事例1において母親が児相にDVを訴えたのであれば，それは十分なケアと安心を子どもに提供するために，専門家の介入を求めていたことになる。一時保護の解除にあたって最も重要なのはDV被害者である母親に十分なサポートがあることだろう。子どもの痛みに触れていると「母親ならば，自分の人生を犠牲にしても子どもを守るべきだ」という感覚に傾きがちであるが，表面的な正義は母親を追い詰め，結果的に子どもを危険にさらす。DV被害を受けている母親に対し，子どもを守れない母親として子どもを引き離すよりも，母親が十分助けられ，人から支えられていることを子どもに見せることのほうが，子どもの自尊心，人への信頼，母親への尊敬を高めることにつながる。母親を助けることは母子両方に対して合理的な介入ではないだろうか。これは児童福祉領域と女性支援の連携を強化する文脈で共有可能な価値観のはずだ。

③　加害者臨床の一領域としてのDVの観点から
　　・加害者へのアプローチとDV加害者プログラム
　　・DVのリスクアセスメントとマネージメント

　暴力をやめられるのは本人以外にいない。被害者が逃げ切るためのコストやウェルビーイングの保障と，加害者への介入を比べれば，加害者の変化を促す方が直接的な問題解決である。しかし処罰だけでは暴力を使わない生き方は身に付かない。

　加害者プログラムと一般のカウンセリングとの違いは大きく2点あると考えられる。1点は加害の説明責任（アカウンタビリティー）の重視，もう1点は，被害者という第二のクライエントが加害者の背後に存在することである。加害者は自分のためだけではなく被害者の回復の一助になるためにも行動を変えていく責任がある。プログラムのスタッフは被害者に対する敬意と被害者支援の観点を保ちつつ，眼前の加害者と関係を築き，協働して暴力をやめることを推進する技能が求められる。

　多くの加害者は何らかの暴力被害の経験をもっている。自分の被害の痛みがあるにもかかわらず，愛する人を暴力によって傷つけたことは恥や痛みの感覚をもたらす。加害者はその痛みや恥を回避するため，羞恥心を怒りに転化させ，被害者の非難にすりかえてしまう（Jenkins 2009）。プログラムやカウンセ

第2部　家族問題の具体的事例からよむ法・心理・福祉

リング開始当初，加害者は被害者の受けた苦痛を想像することを避けようとしがちなのはそのせいである。被害者のカウンセリングにおいて，暴力への抵抗を取り上げるのと対照的に，加害者に対しては被害者の抵抗を予測しそれを封じる行動を選んだことを明確化する必要がある。加害者は「最初から殴ったわけじゃないです。言葉がエスカレートしたんです」と言い訳を語るかもしれないが，パートナーの発言を抑えつけるために殴る行為を最終的に選んでいることに目を向けてもらう。同時に話し合う努力をし，暴力を使うことに抵抗した自分がいたことにも目を向ける。その理由や価値観を明確にすることも変化への橋渡しとなる（Todd 2010）。

　筆者がファシリテーターを担当している民間 DV 加害者プログラムでは，「ここに来るまで暴力を使う決断のハードルを下げるのはいつも妻だと思っていた」「暴力のあとに『やってしまった』と『だって妻が……』の間を何回も往復する」などと参加者は語っている。また，週1回のプログラムが終了し，次のプログラムが始まるまでの期間に暴力が再発しやすくなることを多くの参加者が語る。暴力を使わずに生活する習慣の獲得には時間がかかるのも事実である。

　この事例の場合，もし父親に暴力をやめるための働きかけがなされていれば，この家族の様相は異なっていた可能性が高い。この事例の最大の困難は父親と関係を作り，父親の暴力の問題に直接切り込める関係者がいなかったことである。父親は，自分の暴力の問題に誰も踏み込んでくれることがないまま，人を力で遠ざけて家族の支配に固執し，やり方を変える機会を逸してしまった。暴力を使う人に幸せな人はいない。それは，不親切で冷ややかな対応だったといえるのではないだろうか。

　現時点で日本ではカウンセリングやプログラム参加の強制力を児相や裁判所がもっているわけではない。それでも加害者プログラムやカウンセリングに来談する男性は増えている。粘り強く働きかけることによって暴力を変えたいという動機が高まる加害者は存在する。今後は事例1のようなハイリスクな加害者をプログラムに結びつける面接技術やそのトレーニングの普及が求められていくだろう。

　ところで，子どもの一時保護中に DV がなければ，その後も安全であると

はいえない。暴力の再発リスクは状況によって変動するからだ。事例1に対して必要であったのはDVと虐待両方のリスクアセスメントとそれに基づくマネージメントのプラン作成と共有だったと思われる。

　筆者らはSARA-V3と呼ばれるツールを用いてDVの再発リスクのアセスメントを行っている（Krop & Hart 2015）。単にリスクの高低を知るだけではなく，今後のマネージメントのポイントを浮かび上がらせることがこれらのツールを用いる意味である。さらにそれを加害者にフィードバックすることにより，加害者自身が自分のリスクを知り，マネージしていく主体となることを目標としている。現段階の日本においては個人情報保護と機関間の情報共有を両立させる仕組みは定まっていない。しかし，そのモデルが作られれば，加害と被害両面に個別性の高いアプローチが期待できる。さらに被害者・加害者に関わる専門家が協働することで，難しい支援に取り組む負担と責任を分かち合うことができるだろう。

(4)　地域における支援・介入システムと今後の発展

　カウンセリングやプログラムなどの心理的介入は，地域生活を支えるケースワークと機関連携の土台の上に乗ってこそ機能する。図表2-1はカナダでも先進的な地域のひとつ，カルガリーの地域連携（CCR）を示している。警察，検察，裁判官，民間NGO（被害者支援・加害者プログラム・アディクション・移民サービスなど），児相，保護観察などの機関がリスクアセスメントなどの情報を共有し，定期的なミーティングでマネージメントの分担と方針を確認している。DVの通報があると，警察官による緊急的なリスクのアセスメントが行われ，ハイリスクと判断されたケースは特別チームが対応を行う。低リスクと判断されたケースには予防的アプローチが施される。リスクが中程度の中核的な層はDVコートをとおして接近禁止命令（基本的に加害者が家を出る）と母子の安全計画の実行，加害者をプログラムへ結び付けるための迅速対応が開始される。その他に自主的な加害者プログラム参加者のためのリソースや通報によらない避難のためのシェルターも市内で活動している。

　機関連携のコーディネートと，被害者を適切な支援につなぐ役割を専門とし

第2部　家族問題の具体的事例からよむ法・心理・福祉

図表2-1　カルガリーにおける地域連携

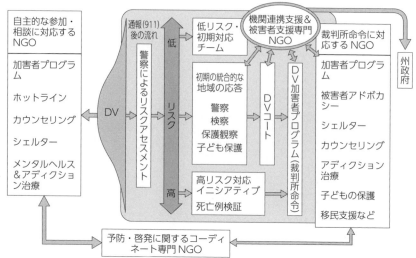

出典：カルガリー市のNGO「HomeFront Society for the Prevention of Domestic Violence」Development Associate Dafoe, J. 氏に対して著者が行ったインタビューをふまえて作成した模式図（2019年2月）を改変した。オリジナルの図（2019年2月）は，内閣府の下記報告書の15頁に掲載されている。「配偶者等からの暴力の被害者支援における危険度判定に基づく加害者対応に関する調査研究事業報告書」(http://www.gender.go.jp/policy/no_violence/e-vaw/chousa/pdf/r0108_kikendo_report.pdf)

たNGO通称「HomeFront」のDevelopment Associateは，「カルガリーでは家庭裁判所との連携体制の構築がこれからだ」と述べる。先進地域においても課題はある。

　本章(1)～(4)では世界の潮流から事例をとおして今後必要な支援を考察してきた。事例1にあげた事件後の法改正によりDVと虐待の縦割りは終わりつつあり，加害者へのアプローチなしにはDVを語れない時代が始まろうとしている。今後この領域の支援が活性化され，事例1のような悲劇がなくなることを望んでやまない。

(5) シェルターと母子生活支援施設

　心理的な苦痛からの回復には，親族や友人，故郷などの「安心で安全な居場

所」が必要である。しかし，DVの加害から避難する際は，他の方法に頼らざるを得ない。避難初期，所在を隠すため，戻ることはおろか，外出や連絡さえ制限される。当事者の意に反し，なじみの人々，アルバム，家財や衣類など多くのものが失われる。直接的なDV被害に心理的な分断と喪失体験が加わるのだから，その不安や孤独は，支援者の想像を超えるものだろう。

　保護と自立支援は一見矛盾する。しかし，安心安全が感じられるようになると，「私が決めていい」と思える瞬間も増えていくだろう。本項ではシェルターや母子生活支援施設などを概説し，保護から自立への移行に関する支援の一端を紹介したい。

①　婦人相談所一時保護（シェルターへの移送）について

　DV被害者は，警察や配偶者暴力相談支援センター等で保護され，婦人相談所を通じて，シェルターへと移送される。場所は非公開とされ，原則2週間程度，生活する。衣食住や金銭以外の生活必需品が無償提供され，医療や法的措置などの相談もでき，次の行き先も一緒に考える。

　対象者は，DV防止法3条4項による被害者のほか，売春防止法，人身取引対策行動計画，ストーカー行為等の規制等に関する法律等における要保護女子と同伴児であり，妊産婦も含む。なお，同伴児は年齢により，児童相談所一時保護となることもある。

　一時保護所は，全国に47カ所あるが，定員を超えた場合は，一定の条件を満たす民間シェルター，婦人保護施設，母子生活支援施設に一時保護を委託できる。状況によっては，児童養護施設，障害者施設，老人福祉施設などにも委託される。

②　一時保護委託先となる施設について

（a）　民間シェルター

　DVに理解のある市民や篤志家などにより運営される施設が，民間シェルターである。全国に107カ所あり，一時保護以外のことも行っている。たとえば，電話相談，駆け込み寺，居室の提供，裁判所や面会交流や役所への同行，同伴児への学習支援，アフターケア，DV防止の啓発活動などである。また，

第2部　家族問題の具体的事例からよむ法・心理・福祉

シェルターではできない就労・就学・通園のため，「ステップハウス」として
民間住宅を借り上げ提供する団体もある。いずれも有償だが低額で利用でき，
重要な役割を果たしている。

(b)　婦人保護施設

売春などから女性を保護し社会復帰を目指す施設が，婦人保護施設である。
全国に47カ所あり，警察，病院，助産施設，福祉事務所などと連携している。
婦人相談所が窓口になるが，DV被害，妊産婦，帰住先なし，幼少期よりの性
的搾取，知的障害や精神疾患など複合的なニーズを抱えた女性も訪れる。生活
の困難さは全般に及ぶことがあるので，清掃，料理，買い物，金銭管理，読み
書き，コミュニケーションなどの生活支援が重要とされる。利用期間は，数カ
月程度だが，入退院を繰り返して長期化する例もある。

施設には居室，食堂，医務室，集会室などがあり，指導員，栄養士，看護師
などがいて，安心して相談できる雰囲気がある。退所に向けた就労支援，退所
後のアフターケアも行う。また「ステップハウス」借上げの制度もある。

(c)　母子生活支援施設

配偶者のいない母親とその子どもの自立支援やアフターケアを行う施設が，
母子生活支援施設である。児童福祉施設では唯一「母と子が共に暮らす施設」
であり，福祉事務所を通じて，母親と契約を交わすことにより利用できる。利
用料は前年度収入に応じ無償か低額で，契約期間は2年程と長く，就労・就
学・通園も含めた中長期的な支援に適している。全国に232カ所あり，児童養
護施設に次ぐ数の児童が在籍している。

居室は，キッチン・バストイレ付が多く，世帯ごとに生活する。母子支援員
は債務整理や同行支援，家事や養育支援を行う。少年指導員は子ども行事や学
習支援をする。現在，DV被害者だけでなく，若年母親，妊産婦への対応も期
待される。退所後はアフターケアを行うほか，「サテライト型母子生活支援施
設」というステップハウスの制度が設けられている。

【補足】

同種別の施設でも，施設によって支援内容が異なるので，事前にどのような支援が可能か，
確認する必要がある。以下参考までに，国が把握する各施設状況を示しておく（括弧内は報告

書の年度を示す）。婦人相談所49カ所（2017年），一時保護所47カ所（2017年），民間シェルター107施設（2018年），婦人保護施設46施設（2017年）〔定員1220人，10月在所358人〕，母子生活支援施設232施設（2016年）〔定員4779世帯／現員3330世帯，児童5479人〕。

参考文献

(1)〜(4)について

グロー・ダーレ（2011）『パパと怒り鬼——話してごらん，だれかに』（大島かおり，青木順子訳）ひさかたチャイルド。

厚生労働省，子ども家庭局（2019）「婦人保護事業の運用面における見通し方針について」

竹村和子（2000）『フェミニズム』（思考のフロンティア）岩波書店。

すべての女性が輝く社会づくり本部（2019）「女性活躍加速のための重点方針」

信田さよ子（2017）「DV被害者のグループカウンセリング」精神療法，Vol. 43 No. 05。

ABS Personal Safety Survey: additional analysis on relationship and sex of perpetrator. (2013) Australian Bureau of Statistics.

Edeleson, J. k. (1999) *The overlap between child maltreatment and woman battering.*, Violence Against Women, 5.

Harris, K. E. (2014) *Helping Children Exposed to Violence at Home an Essentials Guide*, London Family Court Clinic.

Horstead, A. & Cree, A. (2013) *Achieving transparency in forensic risk assessment : a multimodal Advances*, in psychiatric treatment, vol. 19.

Jaffe, P., et. al. (2015) *Risk Factors for Children in Situations of Family Violence in the Context of Separation and Divorce*, Minister of Justice and Attorney General of Canada.

Jenkins, A. (2009). *Becoming ethical : A parallel, political journey with men who have abused*, Russell House.

Krop, P. R. Hart, S. D. (2015) Spousal Assault Risk Assessment ver. 3 Guide ProActive ReSolutions Inc.

Marcus, G. (2012) *Supporting women who remain in violent relationships Themantic Review 5*, Austlarian Domestic & Family Violence Clearinghouse.

McConnell, N. (2016) Caring Dads: Safer Children Evaluation Report NSPCC's Impact and Evidence series.

Paddon, M. A (2006) *Concurrent Group Program for Children and Their Mothers Mothers'program Manyual*, The Children's Aid Society of Lindon and Middlesex （完全な翻訳ではないが，日本版として「コンカレントプログラムマニュアル」NPO法人RRP研究会，2010年）。

Pence, E, Paymer, M, (1993) Education Groups for Men Who Batter: The Duluth Model（『暴力男性の教育プログラム——ドゥルース・モデル』波田あい子監訳，誠信書房，2004）。

Shorey, R. C. (2014) *Coordinated Community Response Components for Victims of Intimate Partner Violence : A Review of the Literature*, Aggression & Violent Behavior, 19(4).

第2部　家族問題の具体的事例からよむ法・心理・福祉

Swedish Association of Local Authorities and Regions（2018）*Changing violent men improving the quality of Batterer interventions*

Todd, N.（2010）The invitation of irresponsibility: using excuses in counseling with men who have been abusive. Journal of Systemic Therapies, 29(2).

Wade, A.（1997）*Small Acts of Living : Everyday Resistance to Violence and Other Forms of Oppression,* Contemporary Family Therapy, 19(1).

Walker, L. E.（1979）*The Battered Women*（『バタードウーマン──虐待される妻たち』斎藤学監訳，金剛出版，1997年）.

Wilson, D. Smith, D. et. al（2015）*Becoming Better Helpers rethinking language to move beyond simplistic responses to women experiencing intimate partner violence,* Policy Quarterly, Vol. 11, Issue 1.

(5)について

木谷恵里加（2016）「母子生活支援施設の歴史と現状──住居対策から緊急保護・自立支援へ」日本学報（大阪大学）35。

厚生労働省「平成29年社会福祉施設等調査の概況」
https://www.mhlw.go.jp/toukei/saikin/hw/fukushi/17/index.html

厚生労働省「社会的養護の施設等について」
https://www.mhlw.go.jp/stf/seisakunitsuite/bunya/kodomo/kodomo_kosodate/syakaiteki_yougo/01.html

内閣府男女共同参画局「被害者を支援する相談機関の説明と連絡先一覧」
http://www.gender.go.jp/policy/no_violence/e-vaw/soudankikan/index.html

堀千鶴子（2011）「婦人保護施設におけるソーシャルワーク──設置経営主体別にみた生活支援機能を中心に」城西国際大学紀要，19巻3号。

（高橋郁絵……(1)～(4)担当）

（酒井茂樹……(5)担当）

不倫と離婚の具体的事例

(1) 不倫とは何か

「不倫」とは文字通り「倫理」を裏切る行為、すなわち誓った契約や信念に対する背信行為を指した言葉である。一般には、法的・社会的・道徳的に容認されない不貞行為や婚外性交渉を指す言葉とされている。かつては「姦通」「不義密通」などの堅く重い言葉も使われ、古今の文学作品や芸術作品にも盛んに取り上げられた。秘められた快楽をむさぼる話もあれば、罪悪感に苦しみ自分の居場所を失って心中に至る話などさまざまである。ここではまず「不倫」から離婚紛争に発展した事例をあげ、心理学的社会学的な問題や法的問題を検討し、不倫と離婚の問題について考察した。また、後半では不倫とは別に、一般的に離婚紛争や親権や面会交流などの問題が発生したとき、子どもにどのような問題が生じるか等についても考察した。

(2) 不倫の心理──事例から背景や問題点を探る

① 不倫の定義

時代や社会習慣、文化により「倫理」観が変遷したように、「不倫」の見方も変化した。語義的にも「不倫」は抽象的で曖昧な言葉である。最近は、芸能人や政治家の不倫スキャンダルにあるように、「不潔」「不道徳」面が強調され、イメージダウン戦略に使われたりもしている。実際、「一線を超えなければ不倫でない」「行きずりの性交渉で、感情を伴わないものは不倫でない」とする快楽主義者がいる一方、「認められた者以外の異性と、会話をするだけでも不倫」とする潔癖主義者もいる。また、「不倫は文化だ」と語った芸能人の言葉が、物議を醸したこともあった。ひと口に「不倫」といっても、人や社会

によって，考え方受け止め方はさまざまである。

　ただ，多様性に翻弄されては議論にならないので，まず，ここで「不倫」の定義をしておきたい。「不倫」とは，「婚姻関係（または婚姻と同等の関係）にある男女が，配偶者（または配偶者に相当する者）と別の者と行う性的関係」を指す言葉である。「同等の関係」とは，「内縁関係」や「同性婚」「恋愛関係」を指すこともあるので，そこに絶対的な基準があるわけではなく，集団成員が共有しているある一定の基準を越えたか否かが，境界線になる。「不倫」とは，まさにその「容認された関係を逸脱する行為」である。ここでは「不倫」「不義密通」「不貞行為」「浮気」「婚外性交渉」を，若干の意味の違いこそあれ，ほぼ同義の概念を指すものとして扱っていきたい。

　「不倫」は，昔から文学作品や芸術の格好のテーマにあげられてきた。たとえば，トルストイの『アンナ・カレーニナ』や三島由紀夫の『美徳のよろめき』，太宰治の『人間失格』，最近では渡辺淳一の『失楽園』など，枚挙に暇がない。「不倫」は，これら文学作品からすると，人間にとって「一度は踏み入れてみたい禁断の果実」のように描かれている。日常生活に疲れたとき，ふと頭をよぎる妄想めいた世界を楽しむことは，誰にでも経験がある。しかし，それが実行行為に至ったとき，大きな代償を払わなければならないのが，古今の変わりないルールである。場合によっては，激しいバッシングを浴び，社会的地位を失うことや，正当な配偶者から復讐されることさえもある。通常は理性が働き二の足を踏むのだが，それでも踏み入れてしまうからこそ，「不倫の悦楽」なのであろう。まずは具体的事例をあげてみよう。

②　不倫が問題で離婚に至ったＡの事例

　これは，複数の事例に基づいて構成した架空のものである。

　夫Ａ（40歳）はある大手建設会社に勤務する営業職会社員である。妻Ｂと5歳の長男Ｃと郊外の戸建て住宅に居住していた。あるとき，取引先建築資材会社の女子社員Ｄ（35歳）とともに，商業施設建設にかかる商談をしていた。ようやく商談がまとまり，その帰途，Ａは息抜きでＤを食事に誘った。ここまでであれば，ごく普通にある日常生活の一場面かもしれない。しかし，Ａは，次第にＤと親密な関係になり，家族の愚痴話などをするうちに，妻には

ないDの知的で繊細な雰囲気に惹きこまれていった。Bがいかに自分をないがしろにしているか，ヒステリックかが話題になった。それはDも同様で，自分の人生は生涯未婚と覚悟していたところ，既婚者である点を除けば，目の前に現れたAは理想的な異性に映った。

その後，1年ほど経過し，両者の関係は性交渉をもつまでに発展した。あるとき，Bは，AとDのLINEに露骨な浮気写真を見つけ凍り付いた。事態がわかると激しく怒り，Aを罵ったあげく，突如長男を連れて実家に帰ってしまった。Aはここに至って，取り返しのつかない事態に展開したことに気づき悔やんだが，後の祭りである。もう元には戻れないと覚悟したAは，別居1年後，Cの親権は妻でかまわないので，離婚してほしいと申し入れた。しかし，Bは，それに応じる姿勢を見せなかったため，やむなく離婚調停を申し立てた。自分の行為はBに対する裏切りで罰を受けても仕方ないが，Dと再出発して人生を出直そうという思いと，ひたすら謝って妻とやりなおそうという思いの間で，迷いが生じた。これはDも同様で，Aの家庭を壊した罪障感を感じる一方，これで晴れてAを独占できるという思いが錯綜したとのことである。

しかし，離婚の調停はAにとって，予想以上に辛い展開となった。妻から年収に匹敵する慰謝料を求められた結果，苦労して手に入れた自宅も，二束三文で手放さなければならなくなった。長男にも会って謝りたいが，会えない日が続いた。何でもない家庭生活が，これほどかけがえのないものであったかと痛感した。

ここで，調停担当裁判官は，家庭裁判所調査官（以下，「調査官」）に，調停の進行上，双方の主張を整理するようにと調査の指示を出した。調査官がAに面接すると，Aは「一時の気の迷いが原因だが，もう元には戻れない。長男と自由に面会交流できることを条件に離婚したい。子の親権は妻でいい。財産分与としては，住宅ローン付きの戸建て住居があるが，売却したい。オーバーローンになるので，妻にも債務を半分背負ってほしい。慰謝料は払えない」と弱々しそうに主張した。しかし，Bは「自分が長男の親権をとって離婚することのほか，Aには養育費月額5万円を求める。負の財産分与には応じられないのみならず，慰謝料として1000万円を請求する。全て非はAにあるのだか

第2部　家族問題の具体的事例からよむ法・心理・福祉

ら，当然である」と攻撃的な口調で主張した。調停委員は双方に妥協を働きかけたが，合意に至らなかったため，不成立となった。

　Aは，弁護士とも相談の上，意を決し離婚訴訟を提起し，場を法廷に移して争うこととした（Bからも同時に離婚訴訟が提起された）。しかし，裁判の結果，A自らの不貞行為による夫婦関係の破綻が認定され，離婚すること，長男の親権者を母である妻とし，Aは養育費月額3万円を長男口座に振り込むこと，財産分与と慰謝料計1000万円を支払うことなどの判決が下りた。Aはしばらくの間，離婚成立で区切りとなったことにひと安心したものの，BもCも離れていったことに茫然としてしまい，仕事も手につかないうつ状態に陥り，退職を余儀なくされる事態にまで至ってしまった。

　以上は，まさに「不倫」に端を発した典型的な離婚紛争事例である。Aの家庭は崩壊し，全てが悪い結果に帰結してしまった。何が悪かったのか，自問したところで覆水盆に返らずというところである。

③　不倫の調査統計

　日本で2017年の1年間に離婚したカップルは21万2262組であった。このうち，どのくらいの数が，不倫を原因に離婚しているのであろうか。離婚に至らないまでも，実際に不倫をしているカップルは，どのくらいあるのであろうか。

　インターネットで不倫の調査統計を検索すると，実にさまざまな数字が出ている。たとえばある企業が行った2013年のWeb調査によると，結婚相手あるいは交際相手がいる人に，「相手以外にセックスをする方がいますか」という質問に，78.7％の人が「いない」と答えたのだという。残りは必然的に「いる」となり，その割合は21.3％となる。つまり「5人に1人は不倫をしている」という結果になる。性に関する調査は，回答者の恣意的回答が入り，常に信頼性への疑問がつきまとうため，一概にこの数字を全て信じるわけにはいかない（中野 2018）。

　次に，これを司法統計でみるとどうであろうか。2017年の1年間に全国の家庭裁判所（以下，「家裁」）に申し立てられた婚姻関係事件（離婚調停）のうち，「異性関係」を申立て動機にあげたものは，夫申立ての1万7918件のうち2547

件（14.2％），妻申立ての4万7807件のうち7987件（16.7％）であった。他に夫側申立てで多い動機は「性格が合わない」「精神的虐待」「家族親族と折り合いが悪い」等であり，妻側では「性格が合わない」「生活費を渡さない」「精神的虐待」「暴力」等となっている（重複回答あり）。あくまでも裁判所に係属した離婚紛争中のカップルがあげた「異性関係」であり，これがイコール「不倫」とは限らない。

　このように考えていくと，「不倫」の問題を考えるに際し，数字はあまりあてにならない。平均的な「不倫」ケースは存在しない。事例Aにしても，皆，それぞれに特殊な事例と考えるべきであろう。

④　不倫と一夫一婦制の関係

　ところで，「不倫を悪とする発想は，人間を1対1の不自由な関係に縛り，それ以外のものを排除しようとする発想が基盤にあるからである。本来，1対1関係（一夫一婦制）に縛ることこそ根拠がないのではないか」という意見が出てくるのではないだろうか。そもそも一夫一婦制がなければ，不倫という概念も存在しないという意見である。

　人間社会は，「婚姻」関係に基づく男女とその間の子どもを，家族の基本単位としている。婚姻相手を選択する方法は，親の指定，見合い，恋愛などさまざまである。しかし，婚姻が成立すると，周囲の人々はこれを祝福する。これは古今東西，文化が違ってもほぼ同様である。そして，通常それは「一夫一婦」である。ごく一部の社会に，重婚容認の社会があるが，各配偶者を平等に扱い，そこから生じる問題の責任を負えることが条件なのだという。日本でも，平安時代までの貴族の婚姻は，妻問い婚（男性が女性の館に出かけていき交渉をもつ形式。男女は同居しない）で，実は一夫多妻であった。鎌倉時代以降，夫婦は同居するようになったが，一夫多妻は江戸時代まで続いた。戦争などで男の死亡率が高いと，社会は一夫多妻に寛容になるらしい。その結果，男が浮気し愛人をもつことに，比較的寛容であったといわれている。

　ところで，人間社会はなぜ一夫一婦制を是として選択したのであろうか。これ自体，実は非常に難しいテーマであり諸説がある。重婚を認めると「性病が発生したとき社会は打撃を受け生産力を失う」「近親婚が生じ遺伝的負因が増

125

第2部　家族問題の具体的事例からよむ法・心理・福祉

える」とする生物学的見解や、「乳幼児の死亡率が高い社会は多産が優先された が、現代は多産の必要がなくなったため、重婚の必要がなくなった」とする 社会学的見解などがある。たとえば、アザラシは、強いオスが数十頭のメスを 独占するハーレムを作っている。種の繁栄のため、強いオスの遺伝子を引き継 いでいくことで、強い個体が数多く生き残る構造になっている。人間も原始に おいては、ハーレムがあった。

　心理学的に考えると、一夫一婦制は「愛情や愛着に基づいた男女一組の精神 的かつ性的な相互依存と独占」であり、それを冒す行為をタブーとする無意識 的な禁欲ルールによって、支えられてきた。つまり、タブーとは、本来、明確 な根拠理由があるわけではないが、人間の共同生活を成り立たせるための暗黙 の「掟」のようなものである。掟を守り共同生活を維持しようとする心理があ る一方で、掟を誰にもわからないように破ることで快を味わう心理も生じる。 かつてフロイト（Freud, S.）は「タブーの本来の源泉は、もっとも原始的で同 時にもっとも永続的な人間の欲動が湧き出るところ、つまり魔力的な力の作用 に対する恐れに端を発する」（Freud 1913）と述べ、タブーを破る心理も古来か ら無意識的に心の中に存在すると指摘した。不倫をタブー扱いした結果、攻撃 欲動の内面化すなわち「罪責感」や「貞操義務の心理」が形成されたのであ る。

　以上のように考えてくると、「不倫」と「一夫一婦制」は、直接リンクする 概念ではない。すなわち「一夫一婦制」は、「社会的・道徳的に容認された男 女の関係」の1つの形態だが、「一夫一婦制」でなくても「社会的・道徳的に 容認された男女の関係」は存在する。その一方「不倫」は「社会的・道徳的に 容認されない男女関係全般」を指しているからである。

⑤　不倫が「法」の枠で扱われるとき

　「不倫」が「法」によって裁かれると、どうなるであろうか。一般的には周 知のように、刑事罰（犯罪行為として国家により制裁すること）と、民事的解決 （妥当な身分関係や損害賠償などの権利義務を定めること）がある。

(a)　刑事罰として

　戦前の日本では、夫のある女性が別の男性と姦通したとき、2年以下の懲役

とし，姦通相手の男性も共犯として同様の罪とする規定があった（旧刑法183条）。いわゆる姦通罪である。しかし，逆のパターン（妻のある男性が別の女性と姦通したとき）は刑罰の対象にならなかった。戦後の新憲法と新刑法になると，姦通罪はその不平等さから廃止された。現在，姦通罪という犯罪は存在しない。しかし，配偶者のある者が重ねて婚姻をすることを罰する「重婚罪」は残されている（刑法184条）。戸籍制度が充実している日本では，実際上，重婚が問題になることはきわめて少ないが，国際結婚などでそのリスクがあるようだ。

(b) 民事的解決として

民法770条第1項は「夫婦の一方は，次に掲げる場合に限り，離婚の訴えを提起することができる」として離婚条件を列挙しており，その中に「不貞な行為があったとき」があげられている。これはまさに配偶者のある者が，自由な意思に基づいて配偶者以外の者と性的関係を結ぶこと，すなわち不倫を指している。不貞な行為が一時的か継続的かは問わない。すでに述べたAの事例は，自分が不倫をしながら，離婚を申し立てたものであった。家族法学上，不貞な行為をした者を有責配偶者と呼んでいる。かつては有責配偶者から，離婚を求めることの妥当性を問題にした判例があった。

簡単に紹介すると，事例Aと同様，不倫関係をもっていた夫に，妻は情交をやめるよう求め暴言暴力をふるった。夫は，妻の暴言暴力が民法770条1項5号の「その他婚姻を継続し難い重大な事由」に該当するとして，離婚を主張したが，一審の家裁・二審の高裁とも夫の主張を「信義誠実の原則からも許されない」として退けた。それでも夫は上告して争ったが，1952年，最高裁は「もしこのような請求が是認されるなら，妻は全く俗にいう踏んだり蹴ったりである。法はこのような不徳義勝手気ままを許さない」と判断した。いわゆる「踏んだり蹴ったり判決」である。しかし，その後は時代の経過とともに，実際には婚姻関係が破綻しているにもかかわらず，有責を理由に離婚できず，形骸だけの夫婦を続けることの弊害も，問題にされるようになった。1987年9月2日の最高裁大法廷判決は，①別居が相当期間に及び，②夫婦間に未成熟子がおらず，③相手配偶者が精神的社会的経済的に過酷な状況におかれない限り，離婚を認めてもよいと判示された。現在では事案に応じて，かなり柔軟に有責

第2部　家族問題の具体的事例からよむ法・心理・福祉

性と破綻状況のバランスをみながら，判決が出されている。

⑥　事例Aの考察——人はそれでもなぜ不倫をするのか

人間には，独占欲がある。愛情を抱いた相手と親密な関係を形成することによって，相手が他の人物と親密な関係にならないように，相手を独占しようとする。相手はそれを受け入れ，他の異性との親密な関係となる可能性を放棄する貞操義務が生じる。これは，自然な成り行きで，太古から延々と引き継がれてきた習性である。もし相手が，既に別の人物と親密な関係を形成していた場合，それを乱すことへの制裁という社会ルールが存在する。

しかし，そのルールを逸脱し，制裁を覚悟してまでも，行動してしまうのが「不倫」である。事例のAは，当初，「不倫」の結果，自身が破滅する可能性も考えたが，理性で抑えることができなかった。Bからすれば，これはまさに「踏んだり蹴ったり」であり，Aに天罰を与えなければ気が済むものでない。しかしそれでも，Aは軌道修正ができなかった。「不倫」の比喩に，飲酒運転が喩えられることがある。悪いこととわかっていながら，誘惑に負け，「見つからなければ……」と考えてしまう。秘密をもつことは，日常のルーティーンを抜け出す刺激になるため，結果的には一時の迷いに終わらず，行為を続けてしまう。その結果，いずれは発覚し破綻する。

ところで，人間同士が対立したとき，どちらかが勝てばもう一方は負けとなり，両者を合わせるとプラスマイナス・ゼロとなるのが普通である。しかし，不貞行為に基づく離婚紛争は，かりに「相手の不貞」が認められ，相手から相応の慰謝料等を得られたとしても，相手に裏切られたという傷はなかなか癒えるものではない。えてして勝者のいない，「敗者ばかりの紛争」となることが多い。その傷を相手の責に投影し，それはまた回りまわって悪循環的に自分の傷つきになる。この繰り返しに，ますます精神的に疲弊してしまう。では，どの段階でどこに修整をかければよかったのだろうか。結論はない。

3　不倫と離婚の具体的事例

(3)　不倫が及ぼす配偶者・子どもへの影響

①　事例における配偶者Bと長男Cへの影響

　ここではまず，前節の事例Aにおける配偶者Bとその長男Cに，焦点をあてたい。事例は以下のように展開した。

　Bは，偶然，AとDのLINEから浮気を知り，激昂した。Aに証拠を突きつけると，Aのしどろもどろの弁明に，「もうこんな男とは一緒にいられない」と決意し，Bは，Aと口論の末，長男Cとともに実家に帰った。しかし，Bにとって，そのやるせない苛立ちは，不適切とわかっていながらも，自然とCに向かってしまった。たとえば，Cの保育園の支度が遅いと，ついヒステリックに怒鳴ってしまった。事情を知らない第三者が見れば，まさに児童虐待が起きていた。Cが驚いて大泣きすると，Bは罪責感を抱き自己嫌悪に陥り，「いっそのことAへの恨み節を紙に書いて，Cと心中してやろうか」とさえ考えたほどだった。Cは赤ちゃん返り（退行）し，指しゃぶりし，Bにしがみついて離れなくなった。何をするにもBの顔色を見てからでなければ，行動しなくなった。Bは，そんなCを見て，自分がしっかりしなければならないという思いと，Cを自分ひとりで育てることへの不安と重圧感，もう誰も信じられないといった対人恐怖感におそわれた。Bはノイローゼ状態に追い詰められていた。経済的には父母が援助してくれるものの，いつまでも実家に頼るわけにいかない。そんな様子を見るに見かねた友人が，Bにメンタルクリニックへの受診を助言してくれた。Bは，クリニックのカウンセラーに定期的な面接を受ける中で，自分ひとりで悩んでも無駄だと悟り，1年後，ようやくパニックを脱した。

　そうしたところ，Aから離婚調停の申立てがあり，Bは裁判所から来たAの申立書その他を見て，愕然となった。Aに反省の様子が全くみられないのである。Aが素直に謝り，Dと決別すれば，元に戻ってもいいとも思っていたが，その期待も完全に打ち砕かれた。自分はこんなに苦しんでいるのに，まだDと一緒にいると思うと怒りが再燃し，Aを恨めしく思った。そこで，Bは弁護士に相談の上，答弁書を作成して調停に臨み，調停でも弁護士の助言を

129

第2部　家族問題の具体的事例からよむ法・心理・福祉

得ながら，Ａの不貞行為を強く非難した。調査官調査では，自分の苦境を強く主張し，Ａに相応の負担を求めた。結局，離婚調停は不成立となったものの，ＡがＢに生活費月額８万円を送金する婚姻費用分担が認められたほか，続く離婚訴訟では慰謝料などの主張が認められ，離婚成立となって裁判は終了した。

　以上のように，不貞をされた側にとっても，心理的影響は大きい。ただ幸いだったのは，Ｂにとって，カウンセラーとの出会いが功を奏したことであろう。カウンセラーに裁判結果を話すと，カウンセラーは自分のことのように喜んでくれた。ふと振り返ると，Ｂは今まで自分の感情を吐露することはあっても，誰かの感情に共感することがなかったことに気がついた。それをカウンセラーに話すと，カウンセラーから「その気持ちを大切にしてください。それをＣ君に向けてください」といわれ，はっとした。Ａが不倫をしたのは，自分がＡの気持ちに共感することがなかったためかもしれないと思った。幸いＣは転園先の保育園にも慣れ，退行的行動はおさまった。しかし，まだ登園を渋ることもある。カウンセラーから「Ｃ君が親の離婚をどこまで理解しているか，まだ幼少なのでわかりませんが，場合によると，自分が両親を離婚させたと受け止め，罪障感を抱くかもしれません。少なくとも自分には，どうして父親がいないのだろうとも，思うでしょう。Ｃ君を元のご主人に定期的に会わせたほうがいいと思います。今後，事実をゆっくりと，Ｃ君に話してはいかがですか」といわれた。Ｂはまた暗い気分になったが，以前ほどには落ち込まず，前向きに考えていることに気づいた。

②　不倫がもたらす配偶者への影響

　ここで，不倫された側の心理を，整理しておきたい。当然ながら，相手やその不倫相手に対し，裏切られた怒りや恨み，愛情対象を失った喪失感，絶望感といった感情を抱く。そして，興奮のあまり不適切な行動に走ってしまい，取返しのつかない事態になることもある。不倫された側にどのような感情や心理が展開するかは，まさに人により，事情によりさまざまというところであろう。「相手を非難し苦しめなければ気が済まない」と怒りを報復に置き換えるパターンも多いが，中には「この程度の人間にすぎなかった」と相手を脱価値

化して諦めるパターン，「自分に問題があったから相手が離れていった。」と自
責的に受け止めるパターンもある。いわゆる失恋と同様，対象喪失感のあま
り，精神病的な混乱やパニック状態，うつ状態になることさえある。事例のB
のように，子どもの顔を見るたびに，不倫した相手のイメージが重なり，子ど
もを愛せない感覚を抱き，児童虐待に至ってしまうことさえある。以上のよう
に，原因と結果に因果関係はあっても，何があればこのように反応するという
理論や方程式は，存在しない。

しかし，留意すべき点は，不倫された側のこれら反応が，相手配偶者との
「関係」から出発したものでありながら，急激に事態が進むため「関係」が見
えなくなる点であろう。事例でいうと，Aの「不倫」にBが激怒し，Aとの
心理的関係を切り離したため，AからはBが見えなくなり，BからはAが見
えなくなった。見えない部分を想像で補おうとするため，えてして「自分だけ
がこんなに苦しみ，相手は楽しんでいる。」という被害感になりやすい。Bは，
カウンセラーとの出会いをとおして，現実に適応していく術を取り戻していっ
た。もし，当事者双方が心理的関係を修復する希望を抱き，実際に「関係」を
取り戻す契機があれば，たとえば，マリッジ・カウンセリングや家族療法を受
けることなどにより，関係修復に動き出すことも可能であろう。残念ながら，
事例では，AもBも関係修復には動かなかった。

③　不倫がもたらす子どもへの影響

父母間が不和になったとき，理性が働いているうちは，誰もが子に悪い影響
が及ばないようにと考える。喧嘩や罵声を子どもに聞かせないようにしたり，
子どもがいないときに喧嘩をしたりする。しかし，子どもが親の争いに直面し
たとき，子どもはどのようにそれを受け止めるであろうか。または受け止めら
れずに，どのような不適応反応に至るであろうか。これも，子の年齢や，おか
れた状況，親の対応の仕方その他で，反応は千差万別である。公式はない。離
婚紛争等に遭遇した子どもが抱く思いは，実にさまざまである。たとえば，親
との別居によって，暴言暴力等から解放された安心感や喜びを口にすることも
あるが，中には親への怒りや恨み，親を裏切った罪障感や後悔，対象喪失感，
被虐待感，過剰な反応などさまざまな感情を抱く。争いに巻き込まれた子ども

第2部　家族問題の具体的事例からよむ法・心理・福祉

の多くは，表面上，平静を装うが，中には家庭内外に不適応反応（家庭内暴力，不登校，いじめの加害や被害，非行等）を起こしたり，神経症や精神病様の状態に陥ったりすることもあるとされている。

　ただ，指摘できるのは，親が想像する以上に，子どもは事態を敏感に察知している点，そしてその反応が時間的に遅延して生じる点であろう。すなわち，言葉で理解することはできない分だけ，それを察知したとき，ある程度の時間を経て，言葉以外の手段や行動で反応することになる。実際，事例のCは5歳だが，事態を察して精神的に退行し，Bへの分離不安，保育園への登園渋りなどの行動を示していた。「自分の知らないうちに父Aがいなくなったように，知らないうちに母Bもいなくなるかもしれない」という恐怖を抱いた可能性もある。子どもに不安を与えないように，最大限の配慮をするのは当然だが，時期をみて，子どもにわかるように年齢や能力に応じた説明をすることも必要であろう。

④　婚姻中の生活費問題（婚姻費用分担）について

　今までは，家庭内の不和が及ぼす精神的葛藤を中心に取り上げてきたが，ここで経済生活上の問題を取り上げたい。婚姻関係にある夫婦は，生活保持義務が課せられている。生活保持義務とは，夫婦が相互に扶養しあう義務と，夫婦が未成年の子どもに対して扶養する義務を指している。簡単にいうと，「パンが1つしかないときに，最後の一片まで分け合う義務」とされている。夫婦が別居した場合でもこの義務は当てはまり，経済的余裕の有無にかかわらず，困窮した側に生活費の援助をする義務があるとされている。これが婚姻費用分担という概念である。BはAからの離婚調停があった際，婚姻費用分担を申し立て，月額8万円をAから受け取れることとなった（ちなみに，きょうだい間やその他の親族間においては，経済的に余力があるとき，その余力の範囲で扶養する義務があり，これを生活扶助義務と称している。先ほどのパンの喩えでいうと，「パンが余っているときに限り，困っている者にパンを渡す義務」となる）。

　婚姻費用の分担は，夫婦である以上，別居に至った理由の如何によらず，原則として分担する義務があるとされている。たとえば，かりに不貞行為を行ったのが妻で，妻が別居した場合でも，夫は妻が別居後に困窮していれば，生活

132

保持義務の見地から婚姻費用分担の義務が生じることになる。道義的な感覚からすれば，妻は請求できる筋合いではないが，法の理念としては，夫婦である以上，最後までパンを分け合うのが原則である。婚姻費用は当事者同士で話し合いを行い，合意できればそれでいいが，合意できなければ家裁で調停を行うことができる。調停で合意できなければ，双方の経済資料をもとに，裁判官が審判を行う仕組みになっている。

(4) 離婚時の紛争──離婚はどのようになされるか

① 離婚の実情と種類

今までは，「不倫（不貞行為）」から生じる離婚等の諸問題を考察した。ここでは，不倫問題から離れ，離婚とそれに伴う一般的な諸問題についてまとめたい。

離婚とその手続きは，自分がその当事者にならなければ，通常はあまり真剣に考えることはない。もともと，「法は家庭に入らず」という古代ローマの格言にあるように，家庭内の問題については，法が関与すべきものではなく，当事者の自主的な解決に委ねるべきという考え方があった。当事者の協議によって成立する協議離婚は，その趣旨を具現化したものである。しかし，うっかりすると，それは逆に泥沼の感情的対立や心の傷つき，子どもへの悪影響等を招きかねない。

まず，日本全国で離婚するカップルがどのくらいいるのかを，確認しておきたい。厚生労働省の「平成29年人口動態統計（確定数）の概況」によると，2017年の結婚組数は60万6866組であるのに対し，離婚組数は21万2262組であった。単純に考えて「3組に1組は離婚している」計算になる。しかし，この離婚組数は，結婚する組数が減少しているためか，前年より4536組減少した。また，離婚件数のうち未成年の子がいた組は，2016年に12万5946組（全体の58.1％），未成年の子の数は21万8454人であった。

日本では，離婚の仕方がいろいろある。**図表3-1**を参照してほしい。まず協議離婚。これは，当事者双方が署名押印した離婚届を戸籍役場に提出することで成立する。簡便なだけに日本では全体の約9割が協議離婚である。もともと

第2部　家族問題の具体的事例からよむ法・心理・福祉

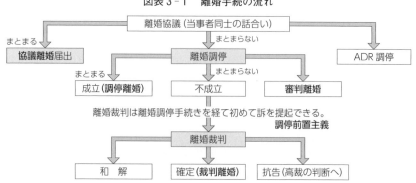

図表3-1　離婚手続の流れ

婚姻が「両性の合意に基づく」のだから，離婚も合意に基づくことに問題はない。ちなみに，未成年の子どもがいても，協議による離婚を認めているのは，先進国の中では日本だけである。先進諸国の多くは，裁判所が未成年者の養育計画や面会交流の実施状況を確認した上でなければ，離婚を認めない法制度になっている。当事者間の協議を尊重するか，子の将来は国の将来を左右するものであるため国（裁判所）の関与を必須とするか，分かれるところである。

次に調停離婚。これは離婚協議がまとまらないとき，夫婦のいずれかが家庭裁判所に調停を申し立て，調停で合意することによる離婚である。国の仲介の下，当事者の話し合いによる合意を目指す。司法統計によると，2017年の婚姻中の夫婦間の事件の新受調停件数は4万5777件であった。また，迅速に紛争解決をする目的の下，ADR調停（Alternative Dispute Resolution の略）を利用する方法もある。これは，「裁判外紛争解決調停」の略称で，法務省から民間紛争解決手続業務の認証を受けた機関が調停を行う。まだあまり知られていないが，近年は注目を浴びている。

3番目は審判離婚。これは非常にまれである。合意はできたものの，当事者双方が調停の場にそろわない場合に，裁判官が離婚の審判をする。決定後2週間以内に不服の申し出があると，無効となる。

最後に，裁判離婚がある。離婚調停で解決できず，夫婦のいずれかがそれでも離婚を希望するとき，家庭裁判所に離婚訴訟を提起し，判決により離婚するものを指している。はじめから離婚裁判を申し立てることはできず，調停手続

を経ることが条件となっている。

② 離婚にあたり決めなければならないもの

どのような方法で離婚するとしても，離婚にあたり決めなければならないものは多い。それは，未成年の子がいる場合の(a)子の親権と(b)子の養育費・面会交流，そして(c)財産分与・慰謝料等である。協議離婚の場合，届出用紙への(a)の記載は必須で，(b)も協議の有無を記入するチェック欄がある。ただ，これらを協議するとしても，人は自分の都合のいいように解釈し，あとになってトラブルになることも多い。(b)は別途養育計画書を作成し，(c)とともに公正証書にしておくのが，間違いのない方法である。以下，(a)親権，(b)養育費と面会交流，(c)財産分与と慰謝料等について，ポイントを明記する。

(a) 未成年の子どもの親権

離婚にあたり，未成年の子どもがいるときは，親権者をどちらにするかを決めなければならない。婚姻時は共同親権だが，離婚すると単独親権となるからである。親権とは，「未成年者を監護養育する権利義務の総体」を指しており，具体的には未成年者の監護養育・財産管理・教育・法律行為の代理など，あらゆるものが含まれる。戦前は「家」の維持や発展のための，父親（戸主）のまさに「権利」だった。しかし，戦後は子どものために，親の「義務」を示す言葉となった。家制度の廃止と核家族化が，それを後押ししたといえよう。

ところで，かつては，離婚紛争で子どもの親権が争点になっても，「子を紛争に巻き込むのは望ましくない」という観点から，子どもの心情や意向を聞くのは，当事者も裁判所も消極的だった。子どもを忠誠葛藤に巻き込み，精神的負担をかけるからである。しかし，子どもからすると，自分はどちらに育てられ，誰が面倒を見てくれるのか，もう一方の親（非親権者）と会えるのか等は，本来，重要な問題である。父母の選択を迫られるのも苦痛だが，何も聞かれずに，事態が進行するのも苦痛である。そこで，何らかの形で，子どもの心情や意向を配慮すべきであるという意見が，近年主流を占めるようになった。背景には，『児童の権利条約』（1989年採択，1994年に日本も批准）の3条「児童の最善の利益」や，12条「児童の意見表明権」がある。子どもの心情や意向は，必要に応じて調査官が子どもへの面接や心理テスト，関係者（学校教師や保育士な

第2部　家族問題の具体的事例からよむ法・心理・福祉

ど）への照会などを行い，それを確認している。最近は，子ども手続代理人制度ができたため，代理人（弁護士が選任される）が子どもの意向を聞くこともある。かつては「母親優先，継続性の原理の重視」などと批判されたが，最近はまさに「子の心情や意向を配慮した上で，子に相応しい環境を選択する」のが基本である。

　ところで，先進国の中で，離婚後，単独親権制度を採用している国は，日本だけである。多くの国は，離婚後も婚姻時に続き共同親権とするか，少なくとも共同親権か単独親権を選択できるシステムになっている。これは，離婚後も親としての責任を忘れないよう求めるねらいがある。日本にも共同親権制度を導入すべきという意見があるが，単独親権制度においても，親権者でない親は親としての義務責任を逃れられるわけではないことを，忘れてはならない。

(b)　**養育費と面会交流について**

　養育費とは，経済的・社会的に自立していない子どもを監護・教育するために必要な費用の一切を指している。未成年者を監護養育していないほうの親（通常は非親権者）が，養育している親（通常は親権者）に毎月一定金額を支払うことになる。親権者の養育費希望額に対し，非親権者側の支払い可能額が一致すれば，養育費については合意成立となる。未成年の子に対する養育費の支払義務は，婚費分担と同様，親と同じ水準の生活を保障する「生活保持義務」がその根拠となっている。別居や離婚で，親権者でない親（非親権者）になったとしても，子どもの親であることに変わりはないので，自分と同じ水準の生活ができるようにする援助する義務があることになる。通常は，毎月一定の金額を非親権者が親権者に支払うという形になる。

　2011年に民法766条が改正され，協議離婚に際しては「子の監護に必要な事項（具体的には養育費と面会交流）」をその協議の中で定めることが明示された。そして，その際には「子の利益を最も優先して考慮しなければならない」という一文も付され，翌2012年に施行された。この改正に基づき，協議離婚届用紙に養育費と面会交流のチェック欄が設けられたのは，周知のとおりである。しかし，それを審査するシステムはなく，チェックが未記入でも戸籍窓口で受理されることになっているため，不十分という意見もある。

　次に面会交流。面会交流とは，離婚または別居により，別れて暮らすことと

なった親子が，交流する権利のことである。離婚に際して，非親権者が未成年の子どもに，どのくらいの頻度でどのように面会交流するのかを話し合い，取り決めるのが原則である。面会交流が，家裁の調停や審判で取り上げられるようになったのは，そう古いものではない。2009年1月16日大阪高裁判決で「面接交渉（面会交流）が制限されるのは，……子の福祉を害する……例外的な場合に限られる」と判示された。

さらに2015年6月12日の東京高等裁判所判決は「……面会交流は……子の福祉に反する……特段の事情がある場合には，認められるべきではない……（特段の事情の有無は）客観的で合理的な判断によって決せられる……」という考え方を示した。たとえば，非親権者から虐待があった場合（DV場面を子に見せることも含む），子が非親権者を強く拒否している場合，子がまだ乳幼児で親権者の協力がなければ困難な場合，その他医師の診断書や専門家の報告など，面会交流が子の福祉にそぐわないとされた場合が，特段の事情にあたる。父母は事情があって離婚することとなっても，通常，非監護親と子の関係まで遮断することはできない。子にとっては，面会交流を確保することにより，非監護親との関係を長く維持していくのが，福祉的な観点からも望ましい。筆者も調停の際には，「できるだけ子と非親権者との交流を長く維持してください」と助言している。

(c) 財産分与と慰謝料その他

最後に財産分与と慰謝料等がある。財産分与とは，婚姻期間中に夫婦が形成した夫婦の財産を分けあうことである。初めからどちらか一方に専属していた財産は，分与の対象にならない。たとえば，婚姻前に形成していた財産や特別に贈与されたもの，遺産などは，分与の対象にならない。しかし，夫婦で形成したものであれば，負の財産（借金）でも分与対象となる。たとえば，夫名義の下，住宅ローンを組んで購入したマイホームを，離婚に伴い売却する場合が典型である。売却の結果，住宅ローンという借金だけが残ることがある。妻からすると，夫名義の住宅ローンなので，自分がそれを背負う必要はないと思いがちだが，夫婦財産とみなせるものであれば，原則は借金も分与の対象となる（住宅ローン自体は，夫と金融機関の契約なので，金融機関に対しては夫が全面的にその債務を負うことになるが，夫婦財産とみなせる以上，住宅ローンの一部を，妻は支払

能力に応じて夫に支払うことにより、バランスを取るのが原則となる)。

　それに対し、慰謝料とは「不法行為に対する金銭的賠償」のことであり、相場という概念はない。実際、慰謝料なしで離婚する例がある一方、数百万円・数千万円という慰謝料もある（大塚 2017～2018）。不法行為にもいろいろある中、「不貞行為（不倫）」は、婚姻共同生活の平和維持に対する侵害という意味で、慰謝を要する代表格であろう。ただし、侵害といっても、主観的要素が強いだけに、調停で双方が納得する金額に達するのは難しい。裁判になると、相手の支払能力を考えて慰謝料を決めなければ、画餅に終わってしまうので、むやみに高額請求すればいいというものではない。実際の調停場面では、慰謝料が双方の間で駆け引きになりかねない。筆者は請求者側に「あなたにも、いろいろな悔しい思いや怒りの感情があると思います。でも、それをお金に置き換えるように考えてください。案外、気持ちが楽になります。恨みや怒りを溜め込んだままでいるよりも、再出発の足掛かりになると思います」と助言している。また、支払者側には「相手の立場に立って、怒りを受け止める金額を考えてください。そして、払うときは必ず実行してください。相手にとってもあなたにとっても、再出発になると思います」と助言している。金額を愛情の対価と思うには、抵抗を示す人も多い。しかし、これが最も精神的に割り切る方法であると考えれば、あながち悪いものではない。

(5) 離婚後の紛争——親権者変更・養育費・面会交流

① 不倫事例Aのその後

　Aは、離婚後1年ほど経過し、うつから回復し、仕事もかつての取引先が雇用してくれたことから、何とか生活を立て直した。また不倫相手のDの妊娠が判明したことからDと再婚し、Dと人生を再出発することになった。生活は楽ではないが、Cへの月額3万円の養育費も支払えるようになった。あるとき、「今ごろCは小学校にあがる準備をしているだろうか」と思うと、Aは無性にCに会いたい気持ちが湧いてきた。離婚するとしても、安易にCの親権をBに委ねたことを後悔した。Cに会いたいと、Bに連絡をとったが、Bの返信がなかったため、Dと相談の上、いっそうのことCの親権者になって、C

を引き取ろうと考えた。そこで，Ｂに対し，Ｃの親権者変更と面会交流を求める調停を家庭裁判所に申し立てた。

　しかし，Ｂは，Ａからの養育費が滞りがちであったところ，Ａが精神的にも経済的にも回復したのであれば，これから子どもの学費等も必要になることから，Ｂも養育費の増額を求める調停を申し立てた。またここで紛争対立になった。

　家裁は，「親権者変更」と「面会交流」「養育費増額」調停を同時に扱うこととし，調停の担当者は，双方の主張と理由，実情を聞き，事実関係を整理した。その上で，養育費増額に関しては，双方に源泉徴収票ほかの経済資料の提出を求め，親権者変更と面会交流に関しては，調査官に子の心情調査を含めた主張整理の調査を指示した。調査官は，ＡとＤ，そしてＢに個別面接を行い，さらにＢ宅に訪問してＣとの面接も行った。Ｃは健康にすくすくと育ち，調査官に新品のランドセルを嬉しそうに見せてきた。Ｂは「母子家庭の私よりＡのほうが経済的にいいと思う。しかし，だからといって，親権者変更は絶対に応じられない。面会交流をさせなければならないことはわかっているが，Ａが何するかわからないので不安である。会わせなくて済むのであれば，会わせたくない」と抵抗した。カウンセラーから定期的な面会交流を助言されていたものの，いざ調停になると，Ｂは弱気になってしまった。Ａは，逆に面会交流に消極的なＢに不信感を抱き，「親権者変更は無理だろうと思っていた。でも，面会交流くらいは認められて当然である。Ｂはまだ私に復讐し足りないのだろうか」と吐き捨てるように語った。

　調査官は「感情的な対立はあるが，面会交流を阻むべき理由は見当たらない。家庭裁判所で試行面接を行ってはどうか」と両者に働きかけた。両者とも建前上は面会交流を否定しないものの，Ｂは不安から躊躇し，Ａは疑念から対立姿勢を抱くような構図になっていたからである。両者に面会交流の意義と子どもへの福祉的効果を説明し，裁判官にその旨の報告をした。裁判官は，「お互いのわだかまりを棚上げし，双方が子どものために動かなければ話にならない。ぜひ試験的面会交流をしてほしい」と指示したため，裁判所内で試行面会をすることとなった。

　試行面会当日，Ａは緊張した面持ちで家裁の児童面接室に入り，２年ぶり

第2部　家族問題の具体的事例からよむ法・心理・福祉

にCに会った。時間は1時間。AはCが自分のことを覚えていたことに感動し，つい涙を流し抱きしめ，いっしょに遊んだ。Cは久しぶりに会った父親Aに甘えた。その様子をマジックミラー越しに別室から見ていたBは，「今のAは，昔と比べ，ずいぶん優しくなった。Cも嬉しそうにしていた。これなら面会交流を続けてもいいと思う。でも，まだ1回目なので，最初の1年間は，支援団体の見守りの下で行いたい」と感想を述べた。一方のAも，「Cは予想よりも大きくなっていた。幼児から子どもに成長した。嬉しかった。今後，定期的に会っていきたい。そのための条件はBの意見に従う」と述べていた。

　この結果，Aは「親権者変更」を取り下げ，Bも「養育費増額請求」を取り下げることとなった。「面会交流」については，「月1回程度の割合で，支援団体の見守り援助の下で面会交流を行う。その費用はAが負担する」という形で調停成立となった。

②　親権者変更とは何か

(a)　親権者変更の実情

　日本では未成年者がいて離婚する際，前述したように，親権者を父または母のいずれかに決めることになっている。しかし，離婚したあと，事例Aのように，親権を放棄し子の監護養育を相手に委ねたことを後悔し，親権者を相手から自分に変更したいと考えることも多い。たとえば，「子どもが相手親に虐待されている」「相手親の収入が少なく，みじめな生活を強いられている」「転校を余儀なくされたが，転校先でなじめず，いじめられている」「早く別れたかったため，相手の言うまま離婚届に押印してしまった」など，理由はさまざまである。2017年の「親権者の指定変更」事件の調停新受件数は全国で6145件，審判新受は1856件であった。これは2008年の同事件の調停新受が8767件，審判新受が2343件であったことと比べると，いずれも減少傾向にある。

(b)　親権者変更の手続き

　ところで，一度決めた親権者をもう一方に変更するのは，簡単ではない。かりに，当事者間で変更の合意ができていたとしても，それだけで変更は認められず，家庭裁判所で行う調停または審判を経ることになっている。これは，親権者変更が子の福祉にかなうものであることを，確認する必要があるからであ

る。まず申立人が親権者変更を希望する理由，相手方の意見などを聴き，どこに合意点と対立点があるか確認していく。通常は調査官が，第三者の立場からこれらを調査していく。当事者に必要な資料提出を求めることもある。調査結果を下に，調停委員会は「こうされたらいかがですか」といった助言もする。ここで合意ができれば調停成立となるが，合意できなければ審判となり，裁判官が判断することになる。相手親権者の死亡，行方不明，精神障害などの場合は，調停を飛び越して審判からはじめることになる。

(c) **親権者変更で考慮される点**

親権者変更が認められるか否かで，中核となる点は「子の福祉」に合致するか否かであり，離婚紛争時に親権の帰すうが争点になった場合の検討事項と，ほぼ同じである。離婚後の親権者変更の特徴は，離婚によりすでに単独親権者になっているため，「現在の親権者から新たな親権者に変更する必要性があるか否か」という観点になる。たとえば，児童虐待があれば変更される可能性は大きいが，無計画にただ「子を引き取りたい」というだけでは，子の福祉にかなうか否かわからない。最終的には，子の心情や意向に配慮した上，双方の監護環境の比較をしながら，変更可否の結論を出すことになる。

③ **養育費の請求について**

(a) **養育費とその実情**

養育費とは，前述したように，経済的・社会的に自立していない子どもを監護・教育するために必要な費用一切であり，一般的には，未成年の子が自立するまでに要する費用の援助を指している。離婚時に決めるのが基本だが，離婚したのちに養育費を請求することや，事例Aのように一度決めた金額を増額または減額することもある。

ここで，両親の離婚により，子どもがどのような影響を受けるか，全体像を把握しておきたい。厚生労働省の「平成28年度全国ひとり親世帯等調査」によると，母子世帯の数は全国で123.3万世帯，父子世帯は18.7万世帯であった。これらのうち，離婚によりひとり親世帯となった割合は，母子世帯で79.5%，父子世帯で75.6%であったという。また，母子世帯の81.8%の親が就労しており，その年間平均就労収入は200万円であった（父子世帯は85.4%が就労し，平均

第2部　家族問題の具体的事例からよむ法・心理・福祉

398万円の就労収入を得ていた）。2016年の給与所得者全体の平均給与が421.6万円（国税庁「平成28年分民間給与実態統計調査結果について」）であったことと比較すると，離婚による母子世帯は，通常世帯のおよそ半分しか収入がないことがわかる。「ひとり親家庭の貧困」が問題にされるゆえんである。また同調査の結果によると，離婚したひとり親家庭で「養育費の取り決めをした」と答えたのは母子世帯で42.9％（父子世帯で20.8％），「養育費を現在も受給している」と答えたのは母子世帯で24.3％（父子世帯でわずか3.2％）にとどまっている。これらの数字からすると，ひとり親家庭において，養育費の受給は現実的に期待されていないことがわかる。養育費は，本来子どものための費用であり，親が恣意的に送金をやめたり諦めたりするのはおかしいのだが，当事者からすると現実は思うようにいかないようだ。

(b)　養育費の決め方

　養育費の決め方の基本は，当事者双方の協議（話し合い）である。協議ができなかったとき，養育費が家庭裁判所で調停が行われる際も，基本は同じである。調停委員会は，監護している親の請求額を監護していない親に伝え，その回答額を監護している親に伝えながら，合意点を探すことになる。しかし，なかなか合意点を見出せないときは，最高裁が作成した養育費算定表を使い，合意をあっせんする。これは，支払義務者の年間収入を縦軸に，受取権利者の収入を横軸にみて，その交点の数字を養育費とする表である。双方の負担度合いが均等になると同時に，子にとって必要な養育費が簡単に見出せるという意味では非常に利便性があり，信頼度も高いとされている。問題点は，算定表が作成されたのが2003年と古く，経済情勢も変化してきた点であろう。現在，新しい経済情勢に基づいた改訂版算定表の作成が進んでいる。

　ところで，調停で調停委員会から算定表に基づいた金額を提示されても，いろいろな事情や感情から合意に至らないこともある。このような場合，調停は不成立として終結し，審判に移行する。審判では，裁判官が改めて双方の経済事情を確認し，最終的には算定表に基づいた決定を出している。

(c)　養育費不払いの事情と対策

　ところで，せっかく養育費を取り決めても，実行されなければ意味がない。既述した厚生労働省の調査結果によると，母子世帯の42.9％が養育費の取り決

めをしていながら，現在も受給しているのは24.3％であった。これは，逆にいうと約20％弱が支払いを中断したことになる。筆者が調停に立会う中で，支払わなくなった主な原因としてよく耳にするのは，「２～３回払えば，それで義務を果たしたと思った」「子に会わせてもらえないのに，養育費を払い続けるのは納得できない」「払いたい気持ちはあるが，給料が下がったため，払えなくなった」「払っても，どうせ相手の遊興費に使われてしまう」「相手が再婚したので，もう払う必要がないと思った」「自分自身，再婚し，新たな家族ができたため，払えなくなった」といったものである。逆に受け取る権利のある者が，なかば受け取りを放棄したかにとれる発言もあった。主な理由に，「どうせ数回で途絶えると予想していた」「請求をすると，子に会わせろと言い出すはずである。子を相手に会わせたくないので，会わせるくらいなら，養育費は諦める」「相手ともうかかわりたくないし，自分の収入だけで何とかやっていける」「自分は再婚したので，相手に経済的に頼る必要がなくなった」「相手が再婚したと聞いたので，もう請求できないと思った」といったものがある。(野口・町田 2017)

④　面会交流について

(a)　面会交流が紛争になるとき

　面会交流とは，前節で述べたように，離婚または別居により，別れて暮らすこととなった親と子が，交流する権利のことである。しかし，離婚時に十分話し合わなかったり，離婚後，事情が生じたりして，面会交流が中断してしまうことがある。そこで，事例Aのように，離婚後（別居後），面会交流を求めて，家庭裁判所に調停や審判を申し立てることがある。

　家庭裁判所で扱う面会交流件数は，**図表3-2**，**3-3**のように年々増え続け，ここ10年間で２倍の件数になっている。これは「面会交流」という概念がそれだけ社会に浸透してきたことも，その一因であろう。2016年度全国ひとり親世帯等調査（厚生労働省）によると，面会交流の取り決めをしている母子世帯は24.1％，父子世帯は27.3％，面会交流を現在も行っていると答えた母子世帯は29.8％，父子世帯は45.5％となっている。

第2部　家族問題の具体的事例からよむ法・心理・福祉

図表3-2　面会交流新受事件年度別推移

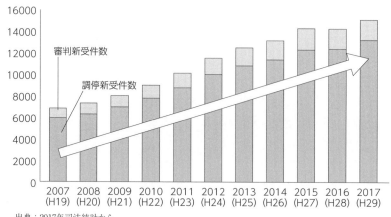

出典：2017年司法統計から

図表3-3　面会交流新受事件数の推移

	2007 (H19)	2008 (H20)	2009 (H21)	2010 (H22)	2011 (H23)	2012 (H24)	2013 (H25)	2014 (H26)	2015 (H27)	2016 (H28)	2017 (H29)
調停新受件数	5917	6261	6924	7749	8714	9945	10762	11321	12263	12341	13161
審判新受件数	883	1020	1050	1201	1354	1519	1684	1786	1977	1868	1883

(b)　面会交流の適切なやり方とは

　子どもの年齢にもよるが、日本では面会交流を調停や審判で扱うとき、およそ「毎月1回程度、その日時場所方法等は、当事者双方が協議して行う」となることが多い。2017年の司法統計によると、全国で「月1回以上」とする面会交流頻度は、全体1万3649件のうちの43.6％の5951件で、以下「月2回以上」は7.7％の1051件、「週1回以上」は2.2％の297件となっている。

　日本では、離婚後は単独親権となるためか、欧米のように離婚後も共同親権制度ではないためか、社会文化の違いのためか、欧米等と比較すると面会交流頻度がひどく少ないのが特徴である。欧米では、週3日は父親の下、4日は母親の下、という具合に、交代で監護養育することさえある。日本でそのような交代監護がほとんど実施されない理由として、よくいわれるのが「せわしない移動は子どもにとって負担となる」「子どもの引渡しをする度に相手親と会う

のは苦痛である」「子どもにも学習塾や習い事などの都合がある」「子どもは相手親のところに行くのを嫌がっている」といったもののようだ。

　ところで，子どもにとって，月1回程度の面会交流が望ましいのか，週3日程度の面会交流（交代監護）が望ましいのかは，子の年齢にもよっても異なり，ケースバイケースである。ただ，国際比較をすると明らかになるのは，面会交流に対する日本の別居親の願望と実態のずれであろう。子どもに会いたい気持ちはあっても，諸事情から会うべきでないと思い込んだり，実際，会うのを止められたりした経緯から，会う実態は減りかねない。もっとも，子にとって重要なのは頻度回数よりもいかに充実した時間を過ごせるかという問題のはずである。

(c)　面会交流における片親疎外と消極論

　同居親にとって子どもを面会交流に送り出すのは，いろいろな不安を伴う。「囲い込まれて帰って来なくなる」「自分の悪口を吹き込まれる」「自分の下を離れ相手のところに行ってしまう」といった具合である。子ども自身も，同居親の不安な様子を察すると，雰囲気を察して「行きたくない」といった言葉を発してしまう。このような悪循環の下，無理に別居親の下に行くと，別居親は子どもの他人行儀な様子に驚き，啞然（あぜん）としてしまう。これがいわゆる片親疎外症候群（Parental Alienation Syndrome）である。1990年代にイギリスの児童精神科医ガードナー（Gardner, R.）が理論化した。片親疎外の可能性を考慮せずに，子どもの「行きたくない」という言葉を鵜呑みに信じて面会交流を制限すると，結果的には子どもに「自分の発言で（別居親を）傷つけた」という思いをいだかせかねない。注意を要するところである。棚瀬（2007）は，この原因の1つは監護親による洗脳で，もう1つは子ども自身の貢献であると論じた。葛藤が高まり，子どもがそれに巻き込まれると，少なからずこのような現象が起きてしまう。

　また，法学者の一部は，面会交流の原則実施に理論的根拠がなく，その強行は子の福祉を害する蓋然性が高く，わが国の伝統的な子育て文化を破壊しかねないという主張を展開している。面会交流は否定しないものの，本来は慎重に行う必要があるというものである。たしかに，面会交流から子どもが帰ると，ストレスのためにひどく疲れていたとか，辛そうな顔をしていたという話を聞

く。同居親からすると，これほどまでして非同居親と会う必要があるのだろう
かと，思ってしまう。また，非同居親が隙を見て子どもを連れ去り行方をくら
ましたとか，思い詰めて子どもと心中したというような事件もあった。面会交
流がこのような悲劇的結末で終わっては，何のための面会交流かわからなくな
る。しかし，筆者が考えるに，ストレスのかからない面会交流はない。面会交
流を続けることが，子にとって利益があるのであれば，積極的に臨むべきであ
ろう。

(d) 面会交流の解決方法

面会交流の「原則実施」という言葉は，一般に「内容は問わず，とにかく何
でも，まずやってみることが先決」というように誤解されやすい。しかし，本
来，家庭裁判所が目指していたのは，「内容を吟味した上で，問題のないもの
は，原則として実施する」というものであった。協議離婚においても，本来は
「内容の吟味」が必要なはずだが，現在はそのようなシステムにない。理想を
いうと，離婚する父母の責務として，「内容の吟味」を自主的に行うことが望
ましい。たとえば，子の養育計画の協議を自主的に行うことや，親教育プログ
ラムを受講するなどが望ましい。

面会交流でもめたとき，家庭裁判所は，①裁判所の児童面接室で試行面接を
行う，②第三者機関（面会交流支援団体）を利用して監督付き面会交流を行う，
③面会交流の時間や頻度を調整するなどの方法で対処している。①は監護親の
不安を低減し，非監護親には子どもとの会い方を考えてもらうのが目的であ
る。事例のように，マジックミラー越しに観察させることもあるが，あくまで
も試行なので，何回も繰り返すわけにはいかない。②の第三者機関利用は，安
全かつ確実に行うことができるが，費用がかかるのが難点であろう（支援団体
によっても金額に差異がある）。③面会交流時間の頻度や時間を調整するというの
は，子にとって負担にならないような時間や頻度とすること，たとえば，時間
を短くしたり，間接交流に止めたり（直接会うのではなく手紙やスカイプでの交流
にする）こともある。

しかし，あくまでも目標は，自主的に子の福祉を目指した自由な面会交流が
できるようになることであって，はじめから第三者機関を利用したり，短時間
少頻度に止めたりするのが目標ではない。家庭裁判所では，未成年の子どもを

めぐり調停をしている当事者に，親ガイダンスを行い，子どもへの影響を配慮するように助言指導している。

(6) 今後の課題──離婚後の子どもの養育計画

　離婚時の葛藤が高ければ高いほど，離婚後の葛藤も高くなる。もしくは葛藤の再燃を恐れ，不利益を我慢する（いわゆる泣き寝入りをする）。葛藤の原因が「不倫」であれば，それはなおさらである。そして，影響をいちばん受けるのは，弱者である子どもである。事例にあげたように，経済生活（養育費）のみならず，精神生活（面会交流）にも問題を生じる事態となる。しかしながら，協議離婚が離婚全体の９割を占める日本では，離婚後の子どもの養育計画が十分に協議されたものか否か，公的に確認するシステムになっていない。これらは，今後の社会に課せられた非常に重い宿題であろうと考える。

【参考文献】

(4)について

　大塚正之（2017～2018）「不貞行為慰謝料に関する裁判例の分析(1)～(5)」家庭の法と裁判10～15号。

(5)について

　小田切紀子・野口康彦・青木聡（2017）『家族の心理──変わる家族の新しいかたち』金剛出版。

　ジェリ・S・W・フールマン，ロバート・A・ジーベル（2016）『離婚と子どもの司法心理アセスメント──子の監護評価の実践』（田高誠・渡部信吾訳）金剛出版。

　棚瀬一代（2007）『離婚と子ども──心理臨床家の視点から』創元社。

　中野信子（2018）『不倫』文藝春秋。

　野口康彦・町田隆司（2017）「離婚後の養育費の支払い問題と子どもの発達」人文コミュニケーション学論集（茨城大学人文社会科学部紀要），第１号。

（町田隆司）

4 児童虐待の具体的事例

(1) 児童虐待事例からみえてくる家族と社会

　図表4-1は，児童相談所が児童虐待相談として対応した件数の推移を表したものであるが，2017年度（平成29年度）においては，13万3778件となり「増加傾向」は衰えない状況である。

　2017年度，児童相談所における虐待相談の受理件数は，1990年度と比較して120倍を超えるという社会現象としておよそ考えにくい状況となっている。児童虐待の防止等に関する法律（以下，「児童虐待防止法」）の公布，メディア報道等から惹起された国民の関心，児童相談所をはじめとする児童福祉機関，教育機関，警察等の司法機関などの取り組みなどにより，潜在化していた虐待が顕在化してきたことがその要因と考えられる。一方で，内田（2009）が，「これまで虐待をめぐる議論では，現代ならび都市の生活環境が虐待発生の要因としてとらえられてきた」と述べるように，日本社会が近代化するプロセスにおける負の側面（社会病理）が，児童虐待そのものの実数を増加させているという見方もある。

　児童虐待が実態（発生件数）として増加したかどうかは定かではないが，実践場面においては，虐待行為者の生育歴，心身の障害・疾病，経済的状況等，個人病理だけでなく，個人（家族）の孤立・貧困・閉塞感など，家族を取り巻く環境が大きく影響したと思われる事例も数多く存在する。

　いずれにせよ虐待という事象が発生する背景には，個人・家族・コミュニティー・制度，政策の問題が複雑に絡み合っており，その援助にあたっては，ミクロ・メゾ・マクロ領域における課題を的確にアセスメントし，それを解決あるいは緩和するためのアプローチが必要となる。

　以下，いくつかの事例をみながら，児童虐待の背景にある個人，社会の問題

4 児童虐待の具体的事例

図表4-1 児童虐待相談対応件数の推移

年度	平成20年度	平成21年度	平成22年度	平成23年度	平成24年度	平成25年度	平成26年度	平成27年度	平成28年度	平成29年度(速報値)
件数	42,664	44,211	注 56,384	59,919	66,701	73,802	88,931	103,286	122,575	133,778
対前年度比	105.0%	103.6%	―	―	111.3%	110.6%	120.5%	116.1%	118.7%	109.1%

注：平成22年度の件数は、東日本大震災の影響により、福島県を除いて集計した数値。
出典：厚生労働省「平成29年度 児童相談所での児童虐待相談対応件数〈速報値〉」2018年11月8日、https://www.mhlw.go.jp/content/11901000/000348313.pdf

149

第2部　家族問題の具体的事例からよむ法・心理・福祉

について述べてみたい。

事例1　夜間放置（ネグレクト）

　A（21歳）は，5歳になる長男と生活しているシングルマザーである。長男の夜間放置，食事の世話が十分にできていないなどがネグレクトにあたるとして，長男は一時保護され，その後，児童養護施設へ入所措置となった。Aは，会社員の父，専業主婦の母親に育てられ，比較的裕福な暮らしをしながら地域でも有名な進学校に通っていた。高校1年生の時に妊娠，相手は同級生の男子高校生であった。Aは妊娠して数カ月でそのことに気がつくが，誰にも相談することができず，両親が妊娠の事実を知った時には出産するしかない状況であった。厳格な父親はそのことを受け入れることができず，高校は中退，Aは実家を追い出され，母方祖母と暮らすことになった。以降，両親とは疎遠となり，Aが19歳の時に祖母が病気で死亡，その後，実家から遠く離れた大都市圏で暮らし，風俗店で働きながら長男を育てていた。Aは長男を無認可保育所に預けていたが，予定の時間になっても迎えにいかないことも度々あり，保育所からも受け入れを拒否され，長男を自宅に放置したまま仕事へ出かけるようになった。その結果，近隣の通告によって児童相談所の知るところとなったものである。

　Aは高校時代，成績も優秀で何事もなければ，何不自由ない暮らしを保障されていた。当時付き合っていた男性との子どもを身ごもったことで，一気にその生活は破綻し，本来であればAを守る立場の両親からも見放される結果となった。日本は，いったん，「普通」の暮らしから外れた途端，生活そのものが立ち行かなくなり，再構築が困難な社会なのかもしれない。核家族化が進むわが国においても，未だに家族・親族間の相互扶助意識は高く，家族集団からの離脱は社会的孤立を招きかねない。若年出産への支援も大きな課題を残している。Aが本来の家族システムの中で子育てすることができれば，社会経験が豊かな両親からの助言や，公的な支援へのアクセスなども容易にできたのかもしれないが，その家族から排除されることで孤立感を深めることになり，他の支援システムからも隔絶された。祖母が存命中はまだ手助けもあったが，祖母の死亡後は未成年のAが，生活維持，子どもの養育など，すべてを担う結果となり，母子の暮らしを支えるためには風俗店での就労を余儀なくされ

た。平成28年国民生活基礎調査（2016）によると，全世帯の平均所得が537.2万円に対して，母子世帯の平均は243.4万円にとどまっており，母子，父子世帯など，子どもと大人がひとりの世帯をみると50.8％が貧困状態にあるとのことである。これをみても分かるように，母子世帯，ましては未成年のＡにとって，日中の勤務で母子が暮らせるだけの収入を得ることは難しく，子育てするには無理がある夜間就労にいきつくことはむしろ当然だったかもしれない。現実的には，保護者の週休2日勤務を前提とした現行の保育システムは，夜間勤務のシングルマザーであるＡにとっては子育て支援策として機能していなかった。Ａは，妊娠という出来事により，その他大多数が考える「普通」の生活から離脱せざるを得ない状況となり，教育，家族，さらに，それまでＡが育ったコミュニティからも排除される結果となった。近年，貧困の新しい概念として「社会的排除」がさけばれるようになってきたが，まさに，本事例はさまざまなシステムからの排除が生み出した児童虐待といえるかもしれない。

事例2　養父による性的虐待

　Ｂ（17歳：女児）は，養父から性的虐待を受けたとして，一時保護されその後児童養護施設に入所することとなった。Ｂは10歳の時，実母，弟とともに，実父からの暴力から逃れそれまで住んでいた町を遠く離れ現住地にやってきた。当初は母子生活支援センターで暮らしていたが，Ｂが11歳の頃，実母が働く電気工事会社の経営者と再婚し，再婚相手の家での暮らしを始めた。養父の収入は安定しており，再婚後実母は仕事を辞め，家事・育児に専念するようになった。養父は，再婚前からＢと弟を実の子どものように可愛がっていたが，一緒に暮らすようになるとその態度は大きく変化した。実父のように暴力をふるうことはなかったが，「養父が帰宅する時間には家族全員がいなければならない」，「生活費はすべて養父が管理し，必要な費用は養父に請求しなければならない」など，家庭内では養父が決めた厳格なルールに家族は従わなければならなかった。ルール内で暮らしている限り養父は優しかったが，そこから外れると極端に不機嫌となり，時には大声で怒鳴る，物を壊すなど，実父の暴力に怯えていたＢらにとって，それはトラウマの再現であった。Ｂと養父の関係に異変が生じたのは，Ｂが中学校にあがった頃であった。自宅で昼寝をしていたＢのベッドに養父が入り込み，Ｂの体を触ってきた。何が起こっているのかはわからず，ただパニックになったＢであったが，養父への恐怖感で声を出

第2部　家族問題の具体的事例からよむ法・心理・福祉

すことも抵抗することもできず，されるがままになっていた。やがて養父の行為は
エスカレートし，性行為にまで及ぶようになってきた。そのような状況が5年ほど
経過した後，Bがその悩みを同級生に打ち明けたことにより，その事実を知った
高校が児童相談所へ通告した。養父はBの体を触ったこと，ベッドに侵入したこ
とは認めたものの性行為は否定した。しかしながら，Bの供述は具体的で信用に
値するものであったため，児童相談所は性的虐待として，Bを児童養護施設へ措
置することとした。実母は，事実を直視したくないとの思いがあるのか，一連の問
題に対して距離をあける姿勢を崩さなかった。後には，Bが幼少の頃より弟に対
して日常的に暴力をふるっていたことも判明し，実母は施設入所となった理由をそ
こに求めるような発言もあった。

　児童虐待や配偶者間暴力など，暴力の背景には共通の家族システムが存在す
る。その典型例が，支配－被支配の関係性である。家族は通常，相互の信頼・
愛情といった情緒的繋がりを基盤に機能するものであるが，日常的な暴力が存
在する家族では，家族システムは力関係によって維持されていることが往々に
してある。Bが生まれた家族では，実父は目に見える身体的暴力で家族を支配
し，養父は激しい言葉，荒々しい態度，経済的優位性といったもので家族を支
配しようとしていた。実父からの暴力を受け続けてきたBの家族にとって，
養父の言動は恐怖を与えるには十分なものであり，暴力のスイッチがいつ入る
かに怯えながら暮らしていたのである。したがって，Bは養父の理不尽な行為
に対して，抵抗することなく受け入れざるを得ない状況に置かれていた。

　実母にしても心理的，経済的に従属している養父とBの関係に違和感を抱
きながらも，それを確かめることで養父の攻撃が自らに向かうこと，さらに
は，表面的には平穏な暮らしが奪われることを恐れ，確かめることに躊躇いを
覚えていた。Bが児童相談所に保護されて以降も，養父による性的虐待につい
て家庭内では「なかったこと」にされ，Bを家庭から排除することで家庭機能
を維持しようとするかのようであった。

　養父の行為に対して，事件化することも検討されたが，事件化に対するB
の態度が一定しないことに加え，一時保護所や入所した児童養護施設において
も，Bの年少児に対する暴力行為，リストカットなどの自傷行為，職員に対す
る激しい反抗などが続き，関係者はその対応に追われ，Bと相談しながら法的
措置をとることは困難な状況であった。生育歴から見て，Bのコミュニケー

152

ションが支配－被支配の構造に集約されていることは容易に想像できたが，まさにBが暴力の連鎖を体現しているような状況であった。

児童相談所が被虐待児童に関して家庭に介入し，児童の安全確保を行い，施設措置・養育里親委託の上，児童の生活環境を保障する仕組みは全国で一定程度整備されたものの，児童の権利権益を守るための代理人弁護士の選定，トラウマケアの仕組みなどについては，個々の関係者の努力によって一部で行われているものの制度的に確立されたものになっていない。結果的に，加害者である養父がそれまでの暮らしを維持する一方，被害者であるBが住む場所と関係性を奪われる状態となった。さらに，Bは児童養護施設においてもさまざまな逸脱行動を繰り返し，被疑者であったBが，今度は加害者として糾弾されることにもなってきた。児童虐待防止法制定以降，虐待死事件が報道されるたびに，家族に介入できない児童相談所はメディア，世論から非難され，「児童の安全確保」にその軸足がおかれてきた。しかしながら，被虐待児童を家庭から分離することが児童の最善の利益を担保することにはならない。児童虐待の対応について，権利の主体者である児童の福祉を主軸にすえ，介入後における司法，医療，心理，福祉など多方面からの支援体系を構築する必要があろう。

事例3　不適切な養育（ネグレクト）

C（27歳）は軽度の知的障害をもつ母親で，同じ障害をもつ夫とともに，3歳になる長男を育てている。Cと夫は生活保護を受けながら，就労継続支援事業所に通っている。夫は子育てに興味を示さず，Cが日常の世話を一手に引き受けているが，Cの能力的な限界もあり，十分な養育環境が整っていないのが現状である。Cが妊娠した時から市役所の保健師がかかわり，養育に関する基本的な知識や方法を教え，必要に応じて手助けをしていたが，危険を予測する力が弱いCは，長男が危険な行動をしても静止しないため，長男は怪我や火傷が絶えなかった。Cの家庭については，要保護児童対策地域協議会においても話題にあがっていたものの，両親からの積極的な虐待行為が認められないことや障害があったとしても子育てをする権利は守られなければならないとの認識もあり，懸念をもちながらも見守りを続けることとなっていた。一方で，長男が通う保育所や近隣住民は，いつか大きな事故が起こるのではないかと心配し，家庭への早期介入，家庭分離を望み，再三にわたり，市役所・児童相談所に対応を求めていた。特に，保育所は長男の状況

第2部　家族問題の具体的事例からよむ法・心理・福祉

はネグレクトにあたるとして児童相談所に複数回通告しているものの，児童相談所が積極的に対応しないことに不信感を抱いていた。ある日，長男が胸から腹にかけてひどい火傷を負って登園してきた。受傷機転が明らかではなく，Cに尋ねても曖昧な答えしか返ってこなかった。保育所は児童相談所に通告してもらちが明かないと判断し，警察に通報し，出動した警察が身柄付で児童相談所へ通告する事態に発展した。

　児童虐待防止法が制定されて以降，家庭への介入力を高めることは制度的にも整備されつつあるが，家庭および地域の子育て機能を強化し，児童虐待を未然に防ぐための方策は十分とはいえないのが現状である。厚生労働省は，乳児家庭全戸訪問事業ガイドラインを策定し，生後4カ月までのすべての乳児がいる家庭へ訪問し，支援の必要な家庭の早期発見を求め，母子保健法による訪問指導事業と合わせて，地域における子育て支援の体制を構築するものとしている。しかしながら，Cのように，保護者の障害などにより子育て機能が脆弱な家庭への支援策に関しては，実態としては，保健師の訪問指導に依存している傾向がある。本事例においても，家事の援助とともに子育ての支援も念頭において，障害者総合福祉法によるホームヘルプサービスを導入したものの，家庭内に起きる突発的な事故に対応する術はなかった。虐待を疑われる家庭の周囲は，虐待死など重大な事案が発生しないことに軸足をおくあまり，なるべく早期に家庭から引き離すことに焦点があたり，虐待の有無を監視するような姿勢も見え隠れし，そのことがハイリスクな家庭を地域から排除することにもなりかねない。

　児童虐待防止法が施行された以降，通告件数は急激に増加したことは前述のとおりであるが，それは一般市民や関係機関が児童虐待を自らも関与すべき社会問題ととられ，行動を起こした結果であり，そのことで家庭というブラックボックスで行われた虐待に光が当たり，十分とはいえないまでも児童相談所等が関与するになったことは評価に値するものであろう。しかしながら，私たちが望んでいることは，児童が安心安全な暮らしの中で健全に成長することであり，虐待という事象から児童を切り離すことで帰結する問題ではない。児童虐待を予防するための子育て支援策，地域におけるケアシステム，早期発見のための公民が協働した体制作り，発見後の介入システム，家庭分離後における家

族機能再構築への支援策などは総合的に機能することなしに，児童の最善の利益を守ることはできない。

(2) トラウマの心理

九死に一生を得るような体験，犯罪被害，性的暴力，愛するものを失うこと，これらは心に大きな傷をつくる。この心の傷のことを一般にトラウマと呼んでいる。トラウマ体験をした人たちは，しばしば，苦しい精神症状に悩まされることになる。

たとえば，眠れなくなるなどの睡眠障害。また，忘れてしまいたい出来事が繰り返し脳裏によみがえるフラッシュバック。その他，複雑な症状に苦しめられる。

心的外傷後ストレス障害とは，このような①再体験症状（フラッシュバック，悪夢など），②回避症状（出来事を連想させる場所や行動を避ける），③認知と感情の否定的変化，④慢性過覚醒症状（神経の昂ぶり，不眠など）。これらの症状が1カ月以上持続し，苦痛と生活上の支障をきたすことをいう。PTSDとは，いわばトラウマ体験による後遺症と考えることができる。

① トラウマと自責感

トラウマ体験はさまざまな感情をもたらす。これについて，小西（1999）は恐怖，怒り，自責の3つをあげている。

まず，その代表は恐怖である。トラウマ体験者は恐怖にさいなまれる。過度の警戒心（ハイパービジランス）もその1つである。

次に，怒りがある。虐待の子どものプレイセラピーを行うと，プレイの中で，子どもたちは強い怒りを表出する。この怒りが充分に表出されることによって子どもたちの心は癒されていく。この癒しのプロセスの中で，怒りが悲しみへと変化するとの指摘もある。たとえば，ただやみくもに怒りを表出していた子どもが，やがて「自分は父親から虐待を受けて悲しかった」などと悲しみを表現するようになる。このような悲しみの表現ができるようになると，トラウマはかなり癒されてきているといえよう。

第2部　家族問題の具体的事例からよむ法・心理・福祉

　トラウマはまた奇妙な感情をもたらす。それが自責感である。トラウマを体験すると不思議なことに自分を責め始めるのである。

　たとえば，強制性交（強姦）の被害者の中には，加害者が一方的に悪い場合であっても，自分に隙があったのではないか等，自分を責める場合がしばしば認められる。このようにトラウマ体験は自責感を生み出し，自分を責め，さらにつらい状況に自分を追いやってしまうことがしばしばあるのである。したがって，自分を責める傾向が強くなってきた場合は要注意である。

②　トラウマの再現性とプレイセラピー

　被虐待児はプレイセラピーの中で，虐待行為を繰り返すことがしばしばある。つまりトラウマ体験の再現である。それは象徴的な表現として繰り返したり，具体的な再現であったりする。

　プレイセラピーという枠組みの中で，トラウマに焦点をあてて行われるトラウマ・ワークを「ポストトラウマティック・プレイセラピー」と呼ぶ。ポストトラウマティック・プレイセラピーとは，トラウマ・ワークの原則である再体験（reexperience），解放（release），再統合（reintegration）という「3つのR」を，プレイセラピーという枠組みの中で行おうとするものである。今日のポストトラウマティック・プレイセラピーの基盤を作ったのは，テア（Terr, L.）である。彼女は，特にバスジャック被害を受けた子どもたちの行動観察によって，トラウマを受けた子どもたちの多くが，トラウマになった出来事を遊びの中で再現していることに気づいた。その後，テアは，さまざまなトラウマを体験した子どもたちのその後の行動観察を通じて，トラウマを体験した子どもたちの遊びに共通した特徴を見出し，これをポストトラウマティック・プレイと呼んだ（Terr 1981）。

　たとえば，西澤（1999）は，「身体的虐待を受けた子どもは，プレイの場面で自分が親からされた暴力的な行為や言動をぬいぐるみに向けることが多い。しかしながら，子どもがその関連性を意識していないことは珍しいことではない」と反復再現について指摘する。また，こういった現象は子どもに限ったものではなく，成人の場合にも観察される。たとえばラッセル（Russell, D.）は，売春をする女性の中に思春期以前の性的被害体験をもつものが多いことを見出

156

4　児童虐待の具体的事例

したが，彼女たちのほとんどが，自分の被害体験と売春という行為の関連性を意識していなかったと報告している（Russell 1986）。このように，繰り返されるプレイや行為のテーマと，もともとのトラウマ体験とのつながりは意識の外におかれているといえよう。そしてテアは，先述のようにその関連性を意識化できるようになると繰り返しは消失すると考えているのである（西澤 1999）。また，ギル（Gil, E.）は，トラウマが再現される環境がセラピストに守られた安全な空間であること，また，トラウマを受けたときとは違って子ども自身が能動的にその体験を再現するということなどが，回復の上では重要であると指摘している（Gil 1991）。

　このように被虐待児はトラウマ体験を再現しながらトラウマを癒していく。プレイセラピーの中でのトラウマ体験の反復再現性はトラウマからの回復にとって非常に重要な治療的な意味をもっていることが理解できよう。

　ただ，子どものトラウマを扱うには複雑な問題がある。一般に，トラウマの治療は，クライエントが外傷体験を想起し，再構成して語り，ライフストーリーに統合することが重要とされる（たとえば，Herman 1996）。つまり，トラウマ体験と向き合って，ライフストーリーに統合するということの重要性である。

　しかし，子どもの臨床には特殊性があり，たとえば，パトナム（Putnam, F. W.）のように，成人治療モデルと児童治療モデルは明らかに違うと主張する立場もある（Putnam 1997）。パトナムは，成人治療モデルでは，患者の外傷性記憶を再認知させ，取り戻し，再構成することへの援助を通して，強烈な感情的・身体的・知覚的体験を言語化することが焦点となるが，児童治療モデルでは，子どもは成人のように外傷体験を取り戻す力は全く文脈依存的・行動状態依存的であり，仮に治療者が心的外傷を有する児童のある行動と外傷体験とのつながりを認識したとしても，このつながりを言語化させて「洞察」を与えようとすると，治療的介入の基礎が崩壊することが少なくないとして，子どもに対する治療的努力の焦点は支持的な家庭あるいは養育の場を創り出すことにあると主張する。

　このように子どものトラウマへの対応は複雑な面を有しており，どのように対応するかは，心理臨床家の今後の大きな課題といえよう。

157

第2部　家族問題の具体的事例からよむ法・心理・福祉

　一般に，PTSD の理解と治療には，PTSD 臨床診断面接尺度（CAPS）が用いられている。また，出来事の影響を評価するスクリーニングツールとして出来事インパクト尺度（IES-S）がよく用いられる。災害後救援活動従事者のスクリーニングツールとして周トラウマ期の苦痛に関する質問紙（PDI）も用いられることが多い。PTSD にうつ病やアルコール依存・濫用が合併することが多いので，この点に注意を要する。認知行動療法や眼球運動による脱感作と再処理（EMDR）が抗うつ薬を中心とした薬物療法と併用ないし単独で行われる。曝露療法（エクスポージャー法），特に PE 法（Prolonged Exposure Therapy 長時間曝露法）の有効性も指摘されている。

【参考文献】

(1)について

　内田良（2009）「児童虐待の発生件数をめぐるパラドクス」愛知教育大学教育実践総合センター 紀要（愛知教育大学教育実践総合センター），12巻。

　厚生労働省（2016）「平成28年国民生活基礎調査の概要」
　　https://www.mhlw.go.jp/toukei/saikin/hw/k-tyosa/k-tyosa16/dl/16.pdf

(2)について

　小西聖子（1999）『インパクト・オブ・トラウマ——被害者相談の現場から』朝日新聞社。

　西澤哲（1999）『トラウマの臨床心理学』金剛出版。

　Gil, E.（1991）*The Healing Power of Play : Working with Abused Children*, Guilford Press.

　Herman, J. L.（1996）*Trauma and Recovery*, Basic Books A Division Haper-Collins Publishers, Ink., New York.（『心的外傷と回復［増補版］』中井久夫訳，みすず書房，1999）.

　Putnam, F. W.（1997）*Dissociation in Children and Adlescents A Developmental Perspective*, The Guilford Press（『解離——若年期における病理と治療』中井久夫訳，みすず書房，2001年）.

　Russell, D.（1986）*The Secret Trauma*, Basic Books.

　Terr, L. C.（1981）"Forbidden Games: Post-traumatic Child's play", *Journal of the American Academy of Child Psychiatry* 20, pp. 741-760.

（遠藤洋二……(1)担当）

（村尾泰弘……(2)担当）

5　介護殺人の具体的事例

(1) 事例からみえてくる介護の実態

　介護に伴うさまざまな困難を背景に，介護者が要介護者を殺害する，あるいは心中する事件（以下，「介護殺人」）が全国各地で発生し続けている。多くの事件の背景には介護者が万策尽きて事件に及ぶプロセスがあり，個々の事件に対して刑事罰を科すだけではこの問題の根本的な解決は困難である。介護殺人を社会問題と捉え，法的（規範的）な視点のみならず，臨床的（実体的）視点から分析を行い，「介護により人が追いつめられていく」構造を多角的に明らかにしていくことが求められる。

(2) 介護殺人の現状

　介護殺人については警察庁と厚生労働省，それから研究者による調査によってある程度現状を把握することが可能である。警察庁による犯罪統計では2007年以降，犯罪の直接の動機・原因に「介護・看病疲れ」という項目が設けられ，2016年までの10年間に介護・看病疲れを動機として検挙された殺人は441件，自殺関与は18件，傷害致死は22件であった。
　厚生労働省は毎年，高齢者虐待防止法に基づき，市町村の高齢者虐待の対応状況等に関する調査を行っている。2019年8月現在，2006年度から2017年度までの12年度分の集計結果が公表されており，それによると「虐待等による死亡例」の件数は299件，被害者数は303人であった。
　その他，介護殺人の新聞記事を集め分析した調査（湯原 2017）によれば，1996年から2015年までの20年間で，被害者60歳以上，事件の背景に介護の影響が確認できるものは少なくとも754件発生しており，762人の死亡が確認された

第2部　家族問題の具体的事例からよむ法・心理・福祉

（図表5-1）。事件が生じた理由は主に「介護疲れ」と「将来への悲観」である。754件のうち，介護者が心中を試みた事件は約4割（38.1％）を占めていた。被害者に認知症が確認されたのは30.7％，加害者ひとりに介護が集中していたのは29.4％，被介護者のみならず介護者自身も病気を抱えていたり，体調不良であったりする場合が31.6％を占めていた。

　加害者の続柄で最も多いのは夫（33.4％），次いで息子（31.7％）であった。加害者は男性が多い（71.0％）。加害者も高齢（60歳以上）の事件は59.5％を占めており，老老介護の事件はここ数年で徐々に増えている。なお，件数は8件（1.2％）と少ないが，年老いた親が子を殺害する事件も確認できた。これらは全て，障害あるいは慢性の病気をもつ子を親がずっと介護してきたが，親も高齢になりこれまでのような介護を続けることができず，将来を悲観して子を殺害するという内容であった。

図表5-1　介護殺人の現状

関係	加害者	事件数 （死亡者数）	割合(%)
親が子を	父親	1（ 1）	0.1
	母親	8（ 8）	1.1
子が親を	息子	239(242)	31.7
	息子の配偶者	11（ 11）	1.5
	娘	85（ 87）	11.3
	娘の配偶者	10（ 11）	1.3
配偶者間	夫	252(252)	33.4
	妻	100(100)	13.3
その他	姉 or 妹	9（ 9）	1.2
	兄 or 弟	15（ 15）	2.0
	孫	11（ 11）	1.5
	その他	4（ 6）	0.5
	複数	9（ 9）	1.2
計		754(762)	100.0

出典：筆者作成

5　介護殺人の具体的事例

(3)　介護殺人の具体的事例

　ここで紹介する事件は，過去に生じた介護殺人の中でも最も世間の注目を集め，介護者の置かれた状況について注目を集めた事件である。息子はなぜ，大好きな母を殺害するという事件を引き起こしたのだろうか。息子を追い詰めたものは，いったい何だったのだろうか。

事例1　経済的困窮から生活に行き詰まった中で起きた介護殺人

　認知症の母親（80代）を介護していた息子（50代）が母の認知症状の悪化により仕事を辞め，経済的に困窮して将来を悲観し，母親を殺害後に自殺を試みたが死にきれず，生き残ったという事件である。

　息子は会社員として働いていたが，事件の7年前に父親がなくなり，母親に認知症の症状が出，しだいに悪化していった。

　事件の1年前，母親が徘徊して警察に保護されたことをきっかけに息子は仕事を休職し，介護保険サービスを利用するようになった。しかし息子の介護負担の軽減にはならず，職場復帰までのつなぎとして考えた生活保護も，申請を受け付けてもらえなかった。生活福祉資金貸付の申請も考えたが保証人が必要と聞き，親戚筋に迷惑をかけるのを恐れた息子は申請をあきらめた。

　事件の4カ月前，息子は休職していた仕事を退職した。その後失業保険を受け，再度福祉事務所に行き，生活保護を受給したいと相談したが，またもや申請は受理されなかった。

　事件の2カ月前，息子の失業保険が切れると同時に生活は行き詰まり，介護保険サービスの利用も打ち切らざるを得なくなった。食事にも事欠く日々となり，家賃を払う目途が立たなくなったことから息子は絶望し，家を出て死ぬしかないと思い詰めた。事件当日，心中を決意した息子は母親を車椅子にのせ，母親の思い出の場所に連れて行った。息子は何度も逡巡したが同意を得て母親を殺害，すぐに自殺を図ったが死にきれず，現場を通りかかった通行人に発見され，一命を取りとめた。

　後に息子は公判で「母の命を奪ってしまったが，もう一度，母の子に生まれ変わりたい」「母がかわいくて，かわいくてしかたありませんでした」と語った。

　裁判官は「結果は重大だが，経緯や献身的介護に感謝した母親の心情に思いをはせ，刑の執行を猶予する」などとして懲役2年6月，執行猶予3年（求刑

161

懲役３年）を言い渡した。言い渡し後の説諭で，裁判官は「この事件の前後も
介護に絡んだ心中事件が続き，何がこれら悲しい事件を起こすのかと，裁判所
も考えている。行政のあり方を再度考える余地が残されているのではないか」
と指摘。「お母さんのためにも幸せに生きていくよう努力して」と声をかけ，
被告は「ありがとうございました」と答え，涙をぬぐって頭を下げた。

　息子が事件に至るまでには母親の認知症，仕事を続けることができなくなり
休職を経て退職，経済的困窮に陥り将来を悲観，心中を試みるという経過が確
認できる。この事件の裁判では，被告本人への注目のみならず，裁判官が福祉
行政のあり方に疑問を投げかけた。これは，それまで行われた同様な裁判をみ
る限り，画期的なことである。介護に絡んだ心中事件が相次いでいる現状をみ
れば，背景に何か社会的な課題があるのではないか，行政によるサービス等を
工夫することはできないのかと誰もが思うことであろう。

　この事件のように，認知症により被介護者から目が離せなくなったり，仕事
を辞めざるを得なくなったりして生活が困窮し，社会的に孤立し，追い詰めら
れた介護者が心中あるいは被介護者の殺人に至る事例は頻繁に生じている。た
だし，これは全て福祉行政の問題なのかといえばそうではなく，サービスが充
実していれば事件を予防できるかというと，事態はそこまで単純ではない。た
とえば以下の事例である。

事例2　将来に悲観して起きた一家心中

　40代の娘が長年，要介護だった母と病気が悪化した父とともに川に入り，心中を
試みた。両親は死亡。娘は市に生活の窮状を相談しており，事件の数日前には市職
員が自宅を訪問し，生活保護の手続きを取っていた。

　この事例2は事例1と異なり，福祉事務所の職員が家庭訪問し，生活を立て
直す相談にのっている。あと少し待てば生活保護を受給でき，生活の立て直し
ができるはずであった。それにもかかわらず，なぜこの一家は，家族全員で心
中する道を選んだのだろう。

　この事件の背景には介護者が抱える生き辛さが確認できる。介護を担ってい
た娘はやさしい性格で，要介護の母への対応は常に献身的であったという。他

にきょうだいもいる中，加害者となった娘は介護を一手に引き受け，同年代と語り合い将来の夢を描くことも，仕事に就いて経済的に自立する機会を得ることもなく，ただひたすら家で母親に寄り添い，介護を続けていた。そしてある日，この一家に変化が訪れた。家計を支えていた父親が病気で働けなくなり将来を悲観，一家心中を提案したのである。この時，娘はどのように思ったのだろう。自らの人生に未練はなかったのだろうか。それとも，将来に希望を抱くことができないほど，生きることに価値を見出せない状態だったのだろうか。最近は要介護者のみならず，介護者を社会的に支えようという動きが活発化している。たとえ介護を担うことになったとしても，相手との関係は大切にし，なおかつ自分の人生をも生きられるような社会環境を整備していかねばならない。

①法的な解決（規範的解決）

個々の介護殺人の裁判では社会で解決すべき問題を多く見出すことができるが，司法関係者（裁判官，検察官，弁護士）は，福祉に詳しい者がそれほどいるわけではない。いかに福祉の視点から，事件の見方や課題を示し，それを司法関係者に知らしめていくか，そして制度に落とし込んでいくか，は重要な課題である。

ただ，今はチャンスでもある。裁判員裁判が始まってからは，事件の審理に市民が参加するようになった。市民は個々の事件内容もさることながら，なぜこのような事件が生じたのか，なぜ事件を回避することはできなかったのか，同様な事件を防ぐためにはどうしたらよいのかなどに思いをめぐらす。

実際の裁判では，「なんでこんな結果になったのか，分かりません」「今思えば，事件を回避する可能性は他にもありましたが，その当時は何も思いつきませんでした」「（被害者のことは）今でも愛しています」などと述べる加害者は多い。裁判において，司法関係者は加害者の落ち度に注目しがちであるが，そこから視野を広げ，社会環境の側面も含めながら加害者の主観的な心情を丁寧にたどり，事件を振り返っていく試みが，結果として同様な事件の発生を防ぐ手掛かりとなるのではないだろうか。

第2部　家族問題の具体的事例からよむ法・心理・福祉

②　臨床的な解決（実体的解決）

　筆者が介護殺人の研究を始めてから，およそ20年が経過した。その間，マスコミの方を中心に多くの方から「このような事件を防ぐためにはどうしたらよいですか」と質問を受けた。その際には，以下の2点を必ず述べるようにしている。1つは①事件がなぜ生じたかを検証し，教訓を得ること，もう1つは②介護者支援の充実である。

　事件の検証について，子どもが虐待によって死亡すれば，その分野のそうそうたるメンバーから構成される委員会を通じて，厚生労働省が詳細な報告を出している（2019年段階で第15次報告）。そしてその結果は施策の充実へと生かされている。一方で，「介護殺人」についてはそのような仕組みはない。自主的に事件の検証を行っている自治体もあるが，そのような自治体はごくまれである。これでは事件の背景にある社会的な課題は明らかにされず，似たような事件が時を変え場所を変え，全国各地で発生し続ける。問題の解決にはつながっていかない。

　介護者支援の充実について，日本ではそもそも介護者を支えるという発想そのものが薄い。介護者支援の法的基盤は整備されておらず，この状況で介護者支援の必要性を述べても，制度構築にたどり着けない。介護殺人でいえば，加害者の多くにうつ傾向がみられたとの報告があり，介護者アセスメントの実施は不可欠である。アセスメントに基づき適切なサービス提供を行う，そのための基盤となる法的根拠（介護者自身の人生を支援するための法）の確立が大きな課題である。

　以上，「介護殺人」という社会問題をなくしていくためには，個々の事件をもとにして規範的解決と実体的解決を両面から進めていくことが不可欠であると筆者は考える。

(4)　被告人のその後

　事例1が発生してからおよそ8年が経過し，被告となった息子はひとり，琵琶湖に身を投げて自殺した。

　息子は事件後，住み慣れた地を離れ，他県に転居した。事件当時は無職だっ

たが，後に木材加工の会社に職を得，20万円前後の月収を得ていた。趣味の渓流釣りをはじめ，事件を通じて知り合った支援者に「少し生活も落ち着いてきました。元気に生きています」という手紙を送付していたという。新しい地で事件について知られることもなく，ひっそりと生きていた息子であったが，再び苦難が襲いかかる。60歳を超え，雇用調整にあい失業してしまったのだ。当時の所持金は，30万円足らず。再就職を試みたが視力が弱くて手元の作業が思うようにできず，長くは続かなかった。

　亡くなる3カ月前，彼の貯金は，6万円にまで減っていた。それでもアパートの家賃を滞納する事は一度もなかった。そして，誰にも助けを求めないまま，数百円の小銭と母親と自分とをつないでいたへその緒を残し，ひっそりと，湖に身を投げた。

　息子の周りに助けてくれる人がいなかったわけではない。事件後は支援者に囲まれ，親戚は常に気にかけ，励まし続けていた。客観的にみた限りでは，息子は決して孤立してはいなかった。彼の中で，いったい何が起きていたのだろう。彼の死の決意は，誰にも把握されることはなかった。遠い昔，父親から「人に迷惑をかけてはならない」と教えられた通り，借金をすることなく，自らの人生を終わらせたのだ。

⑸　さらなる悲劇を防ぐために

　介護殺人の中には，相手を殺害後，自らも死のうとしていたが死ねなかったという心中がらみの事件が多くみられる。そのような場合，裁判終了後，しばしば加害者の自殺が生じている。加害者の自殺は，釈放後すぐに起きることもあれば，数年たってから起きることもある。最近，介護殺人の事件には執行猶予に加え，保護観察が付される場合が増えてきた。保護司らの力を借りつつ，地域で何とか立ち直っていってほしいという裁判員らの願いが込められているのだろう。介護殺人は，未遂でなければ再犯の危険性はほぼゼロであるが，加害者が自殺する可能性はきわめて高い。この点に留意しつつ，対象者が生きる力を取り戻し，自分なりの生活を営むような支援を行っていくことが求められる。

165

第2部　家族問題の具体的事例からよむ法・心理・福祉

【参考文献】

社会福祉法人東北福祉会　認知症介護研修・研究仙台センター（2017）平成29年度老人保健
　事業推進費等補助金（老人保健健康増進等事業分）高齢者虐待における重篤事案等にかか
　る個別事例についての調査研究事業『高齢者虐待における重篤事案〜特徴と検証の指針
　〜』。
　http://www.dcnet.gr.jp/pdf/download/support/research/center3/311/s_h29gyakutai
　jyutokushisin.pdf
湯原悦子（2017）『介護殺人の予防──介護者支援の視点から』クレス出版。

（湯原悦子）

第3部

家族問題をめぐる
新たな潮流と課題

1 治療的司法

(1) 世界の薬物問題への向き合い方

　日本では未だに薬物使用の問題を個人の意思の問題であると捉え，その規制を刑罰によってコントロールしようとする傾向にあるが，国際的には薬物使用の原因は社会的な生きづらさが行動として表に出ているものとして考えられており，その解決策を模索している。その解決方法としては大きく2つに分かれている。たとえば刑事罰の対象から外し社会保障の問題として捉える国々（主にヨーロッパ）と，刑事司法の枠内ではあるが刑事罰ではなく生活の再建を提供することで薬物使用の問題解決を目指す国々（アメリカなど）とがある。前者は「ハーム・リダクション」が著名であり，後者は「問題解決型裁判所」の運用が中心となっている。その問題解決型裁判所において用いられている概念が「治療的司法」と呼ばれるものである。問題解決型裁判所は，当初薬物問題に特化した特別な裁判所として運用が開始されたが，その後，社会的な生きづらさを抱えた人たちの支援を裁判と同時に行える方法として注目を浴び，薬物に限らずさまざまな問題の解決にも運用されるようになっていく。

　そこで，本章では，最初に治療的司法の概念を説明しつつ，それが実務の面で発展を遂げた問題解決型裁判所を紹介する。さらに本書のテーマである家族に関連するものとして紙幅の許す限りドメスティック・バイオレンス・コートを中心に取り上げる。

(2) 治療的司法とは何か

　治療的司法は，創始者のひとりであるウェクセラー（Wexler, D.）が1987年に専門誌に投稿した論稿ではじめて使用された用語と概念である。実際に注目

を浴び活用されるまでには数年を要した。当初は刑事司法分野として注目されたものではなく，精神保健法の分野において議論されていたものである。先のウェクセラーと治療的司法の概念の創始者のひとりでもあるウィニック（Winick, B.）によれば，治療的司法の概念は，司法手続，法廷関係者など多分野に影響を与えるものであるとする。また，主な理念として，治療的司法は裁判等の刑事司法による介入が被疑者や被告人にとって「治療的」もしくは「反治療的」な影響を与えるという点に注目する。特にスロボジン（Slobogin, C.）が1995年に試みた定義によれば，「法律上の規則や慣行が人々の心理的及び身体的な well-being に影響を与えるように社会科学の知見を活かすもの」であるとする。つまり，逮捕や裁判にかかるといったイベントが被疑者・被告人にとって大きなライフイベントの１つとなるために，それと同時にひき起こされている治療的・反治療的な効果を行動諸科学の観点から研究し，憲法が要請する適正手続などの重要な要素を厳守しつつ，治療的な効果の側面を向上させようとするものであるとされる。

　ここで注意が必要なことは，"Therapeutic" が「治療的」と訳されているが，これは医療行為そのものを指しているのではない。そうではなく，治療的司法が対象としているものは，対象となる人が抱えている生きづらさの「回復」であって，背景にある社会的な問題の解決に向けて行われる支援やケアのことを指す。そのため，裁判にかかわるスタッフは，従来の法曹三者に加えて，回復プログラムを提供するサービス・プロバイダーが重要な役割を果たすようになり，裁判所の内外で活躍するフォレンジック・ソーシャルワーカー（司法問題専門のソーシャル・ワーカー）が無くてはならない存在になっていく。薬物使用に至った原因の多くに社会的な孤立やさまざまな重複障害があることも多い。それらを解決しないまま刑罰だけ科したところで根本の問題が解決しないため，再び薬物の使用が生じる。こういった逸脱行為として表面に現れた問題行動を罰するだけの伝統的な刑事裁判にとって代わるものとして注目を浴びている。

(3)　問題解決型裁判所の展開

①　ドラッグ・コート（薬物専門裁判所）の誕生と展開

　治療的司法が注目を集める以前から，実務の面でドラッグ・コート（薬物専門裁判所）がフロリダ州マイアミ市ではじまっていた。1980年代のアメリカは繰り返される薬物事犯の問題に頭を抱えていた。刑事裁判において同じような論告や弁論が繰り返され，拘禁刑などの刑事罰が与えられていたが，事態は回復する傾向はみせずに，むしろ刑事罰を与えられた人たちは社会から孤立し，より薬物使用の問題が深刻になっていたのである。特に，逮捕され，起訴され，有罪が言い渡され，刑事施設で拘禁され，出所後に根本にある薬物依存の問題が解決していないために薬物の再使用が行われ，逮捕され，起訴される，ということが何度も起こることから，まるで回転ドアのようであると指摘されていた。そこで，1989年に薬物の使用を繰り返す人を従来の刑事罰を与えることから距離をおき，裁判所の監督の下で治療プログラムを提供するというドラッグ・コートの原型となるシステムが提案された。

　ドラッグ・コートは，薬物事犯者（主に自己使用目的の所持で，非暴力のものであれば薬物欲しさに行った窃盗なども対象に含まれる）に通常の刑事裁判とは異なる特別な裁判を提供するものである。被告人（クライアント）が裁判所の監督下においてトリートメント・プログラムを受けるか，従来の伝統的な刑事裁判を受けるかどうかの選択肢が与えられ，弁護士と相談しプログラムを受けることに同意をすれば開始される。クライアントたちは，サービス・プロバイダーと呼ばれる回復施設（民間のものも，公的なものも存在する）に通所や入所をし，回復プログラムを受けながら生活を送る。さらに，定期的な尿検査も課される。ここで注意が必要なのは，日本のように1回の使用が即拘禁などの刑事罰の対象となっていないことである。そもそも使用罪を規定していないことも多いが，薬物依存からの回復プログラム中に再使用が起こることは前提の知識となっている。むしろ，どのような状態で再使用に至ったのかをケース・マネージャーやソーシャル・ワーカーと相談をしつつ，次はそのようなシュチュエーションに遭遇した場合にどのように回避をするのかといったソーシャル・スキ

ルを学ぶための大事なきっかけであると考える傾向が強い。

このようなドラッグ・コートが1989年に誕生して以来，その数は急増した。特に司法省の予算として組み込まれるようになった1995年からの展開は加速化され，アメリカン大学の2016年の調査によれば，3316（連邦や州，郡それぞれにあるだけでなく，同じコートルームでも曜日によって少年用や親権を争うものなどで異なるために，膨大な数へと展開された）もの問題解決型裁判所が運営されているということである。こういった実務での発展が行われている一方で，ドラッグ・コート関係者たちは，それらを支える理念がないかと模索していた。時を同じくして，概念として産声を上げていた治療的司法も実践として証明されるものがないかと模索していたのである。両者は，お互いが理念を説明するものと実務で実践をしているものとして認識しあうようになっていった。

② 問題解決型裁判所（Problem Solving Court）

ドラッグ・コートは，その数を増やしていきながら，対象となるクライアントの幅も広げていった。すなわち，成人の薬物使用者だけでなく，少年の薬物問題を抱えているクライアントであったり，親権を争う場面での薬物問題の解決に運用されていった。しだいに，治療的司法の考え方である「法の介入が行われた際に生じる影響をなるべく治療的に運用すべきである」とするものが，薬物問題以外の社会問題にも利用可能なのではないかと捉えられるようになっていった。これらは「問題解決型裁判所」と呼ばれている。たとえば，酒酔い運転を繰り返すクライアントに，刑罰として拘禁刑を言い渡したところで，アルコール依存の問題が解決していない以上，再びその逸脱行動は繰り返される可能性が高い。そのため，酩酊運転専門の裁判所であるドライビング・アンダー・ザ・インフルエンス・コート（DUIコート）が設置された。また，窃盗を繰り返していた人の窃盗の原因がギャンブルによる借金苦から生じていれば，そのギャンブル依存の問題が残されている限り，出所後も窃盗が繰り返される可能性が高い。そこで生み出されたのがギャンブリング・コートである。このように，さまざまな社会問題からの回復を目指した裁判所のあり方が模索され続けている。最後に次節において，本書のテーマとの関係から問題解決型裁判所の1つであるドメスティック・バイオレンス・コート（Domestic Vio-

第3部　家族問題をめぐる新たな潮流と課題

lence Court）（以下，「DV コート」）について触れておきたい。

(4)　ドメスティック・バイオレンス・コート

　アメリカにおいてもドメスティック・バイオレンスが数十年にわたって問題とされていたが，DV コートは1990年代になり急速に法的枠組みと社会問題としての関心の高さの観点から注目されるようになった。DV の事例は，従来の刑事裁判で処理をすれば，暴行事件や傷害事件で拘禁刑などが科されて刑事裁判として終了であった。しかし，DV コートでは，ただ刑罰を科すだけでは根本の問題の解決になっていないと考えている。DV コートで目指されているのは，被害にあっている方の安全と加害行為をした人へのプログラム提供とその監督である。その結果，修復可能な関係であればそれが目指されることもあるが，基本的には加害行為をした人へのリハビリを行い，再び DV が生じないように予防することが目標とされている。それだけでなく，被害にあった方をシェルター等で一時保護するだけでは，根本の問題解決にはならないことが多く，自立して生活できるサポートをすることが重要な要素となっている。なぜならば，パートナー同士で経済的に依存していることも少なくないために，離れられない場合が存在するためである。

　以上のように，刑事司法の問題として光が当たるのは加害行為などの逸脱行動として表に出た一瞬で，それに対する刑罰だけを与えても根本的な問題の解決になっていない事例が多く存在する。個人こじんが抱えるニーズに沿って社会的生きづらさを解消していくことで問題の解決を図るのが問題解決型裁判所であり，それを支える理念が治療的司法である。

【参考文献】
　石塚伸一編著（2007）『日本版ドラッグ・コート──処罰から治療へ』日本評論社。
　治療的司法研究会著，指宿信監修（2018）『治療的司法の実践──更生を見据えた刑事弁護のために』第一法規。
　丸山泰弘（2015）『刑事司法における薬物依存治療プログラムの意義──「回復」をめぐる権利と義務』日本評論社。

（丸山泰弘）

# 加害者家族支援

(1) 隠された被害者「加害者家族」

家族が犯した罪の重さに耐えきれず、自殺に至る人々は後を絶たない。逮捕時に押し寄せるメディアスクラム（集団的過熱取材）、インターネット上でのプライバシーの暴露、誹謗中傷、嫌がらせによる転居や結婚破談といった社会的制裁が、当然のごとく加害者家族に向けられている。

欧米諸国では、加害者家族は"Hidden Victim"（隠された被害者）と表現されるが、日本において、加害者家族は犯罪者と同視され、その「被害者性」に焦点があてられることはなかった。

2008年、筆者が代表を務めるワールドオープンハート（以下、WOH）は、全国に先駆けて加害者家族への支援活動を開始し、これまで重大事件から軽微な犯罪まで、さまざまな状況にある加害者家族1500件以上の相談を受けてきた。WOHは、事件発生直後から、それぞれの加害者家族のニーズに応じた長期的・継続的支援を行うとともに、加害者家族の現状と支援への理解を求めるため講演活動やメディアを通しての情報発信にも力を入れてきた。

2015年には大阪を拠点とするNPO法人スキマサポートセンターが誕生、2018年には山形弁護士会が「犯罪加害者家族支援センター」を開設して加害者家族の法的支援に乗り出すなど、支援の動きは広がりを見せている。

(2) 加害者家族の可視化

2004年犯罪被害者等基本法が制定され、犯罪被害者やその家族への支援体制が全国的に整備されるようになった一方で、加害者家族支援を標榜する組織は皆無であり、加害者家族に関する情報すら乏しく、「犯罪者と家族」といった

第3部　家族問題をめぐる新たな潮流と課題

キーワードでごく僅かな論文や記事に辿り着くだけであった。

　2008年12月，WOH が仙台市で開催した「犯罪加害者家族の集い」を地元の河北新報社が夕刊一面で取り上げ，翌日，ネットニュースとして流れたことによって全国から相談が寄せられた。この報道により，長い間沈黙を余儀なくされてきた加害者家族からの救済を求める声と新たな動きに関心を抱くさまざまなメディアからの問い合わせが殺到した。

　未だ情報が十分とはいえない加害者家族の問題を取り上げたいというメディアは絶えることなく，WOH の相談者の約三割は，報道から情報を得て支援に辿り着いており，メディアは少なからず，加害者家族支援の発展に貢献してきたといえる。

　これまで加害者「側」という脇役でしかなかった加害者家族をメディアが真正面から取り上げたのは，2010年4月 NHK の人気番組「クローズアップ現代」である。番組では，WOH の活動が大きく取り上げられ，同年，同番組ディレクターの鈴木伸元氏が取材内容を基に『加害者家族』という著書を出版して以来，「加害者家族」という用語が社会に浸透していった。

　WOH 設立以前にも，児童相談所などの行政機関や弁護士，カウンセラーなどの専門家，宗教家などが加害者家族の受け皿となっており支援が全く存在しなかったわけではない。しかし，WOH が「加害者家族支援」を標榜することによって加害者家族という集団の存在を社会に位置づけ，救済が必要な人々であることを訴えることに意義があり，今後もそうした役割を担う。

(3)　日本の加害者家族の現状

①　「加害者家族」とは
(a)　「加害者」とは

　WOH は，「加害者家族」を「自ら犯罪や不法行為を行った行為者ではないが，行為者と親族または親密な関係にあったという事実から，行為者同様に非難や差別に晒されている人々」と定義している。

　事件は，犯罪だけにとどまらず不法行為も含んでいる（**図表2-1**「その他」に含まれる）。近年，自殺者を出してしまったいじめ事件が全国的に報道され，

2 加害者家族支援

図表 2-1 罪　名

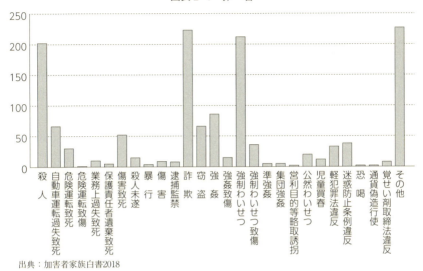

出典：加害者家族白書2018

加害児童の家族が転居を余儀なくされるような事件も起きている。

犯罪に関しては，捜査段階からの介入が求められており，無罪推定の原則からも被疑者・被告人・受刑者・出所者という幅広い意味を含む「加害者」という表現が実態に即している。

(b)「家族」とは

加害者との関係性では，「母親」が最も多く相談に訪れている（図表 2-2 参照）。年齢層は，60代が最も多く，子どもがいくつであろうが親の責任を問われる日本社会の現状が現れているといえよう。男女比では，全体の6割が女性であるが，年々，男性からの相談が増えている。1989年連続幼女殺人事件の犯人の父親の自殺，2008年秋葉原無差別殺傷事件の兄弟の自殺，2014年佐世保女子高生殺人事件の父親の自殺など，凶悪事件の加害者家族の自殺は男性が多い。社会的地位が高ければ高いほど事件の影響は広範囲に及ぶことから，社会的責任の重さに苦しむ男性は多く，潜在的なニーズは高いと推測される。

② 相談者の特徴

WOHの相談者の約4割は，インターネット検索によって相談窓口に辿り着

175

第3部　家族問題をめぐる新たな潮流と課題

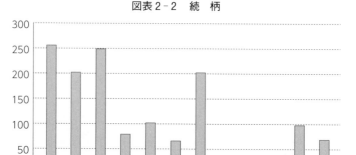

図表2-2　続　柄

出典：加害者家族白書2018

いており，約3割は報道，その他は弁護士などの専門家を通した紹介である。相談者の多くは，支援の必要性を認識し，自ら情報にアクセスできる環境にあることから，知的に高い傾向にある。相談は無料であることから，生活困窮者が支援を利用できないわけではない。それにもかかわらず，生活困窮者の割合は少なく，経済的に中流といわれる家庭がほとんどである。

　罪名では凶悪事件の割合が高く，一見，ごく普通と思われる家庭からも多くの犯罪者が生まれている事実が明らかとなっている。日本は犯罪が少なく，被害者に比べ，加害者家族がメディアに登場することはまれであり，多くの人にとって身内が加害者になることをわが身に置き換えて考えることは難しい。しかし，実態を見れば見るほど，加害者家族とは，家族に属する限り誰の身にも起こり得るリスクといえる。

　相談者の大半は，事件が起きる以前は，社会的援助を必要としないという意味でマジョリティといえる。それが突然，事件を機に社会的に弱い立場に追いやられるのである。従来，加害者家族は，あらゆる支援の網の目からこぼれていた人々であり，政策的介入が難しく，NPOのような組織的支援に適した課題である。

③　支援のニーズ

　最も多く寄せられているのは，事件発生直後，家族に降りかかるであろう出

2　加害者家族支援

図表 2 - 3　相談の主訴

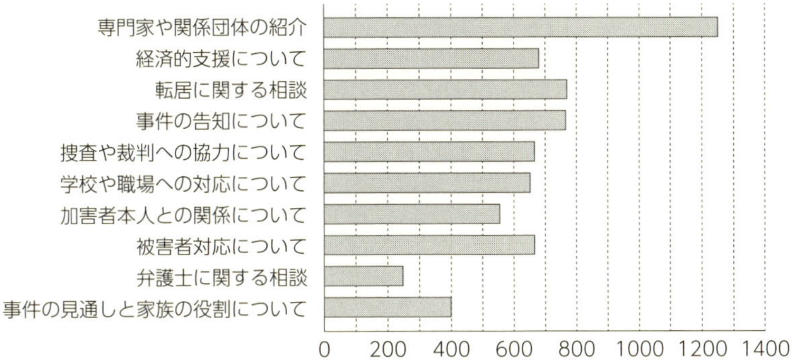

専門家や関係団体の紹介
経済的支援について
転居に関する相談
事件の告知について
捜査や裁判への協力について
学校や職場への対応について
加害者本人との関係について
被害者対応について
弁護士に関する相談
事件の見通しと家族の役割について

出典：加害者家族白書2018

来事や，刑事手続がその後どのように進んでいくのか知りたいといった相談である。刑事事件において，加害者家族は蚊帳の外におかれており，必ずしも事件の情報が伝えられるわけではない。限られた情報の中で，非常事態に右往左往する家族にとって，同種の事件を起こした家族の体験や情報を得ることは，先が見えない不安を緩和し，精神を安定させる上でも役に立つ。

　その他，被害者への対応，罪を犯した加害者本人とのかかわり方，自らの職場や地域への対応といった家族としての社会的責任について悩む相談が大半を占める。相談者の半数は，有職者で地域とのつながりを有しており，家族が起こした犯罪の責任を自ら引き受けようとする傾向が強い。

(4)　日本の加害者家族支援のあり方

①　隠された「加害者」にも支援を

　親やきょうだいが罪を犯した子どもたちには何ら責任はなく，第二の被害者と呼んでも過言ではない。一方で，家族にその認識がなくとも，客観的に虐待やDVなど犯罪の原因を作ったと考えられる家族も少なからず存在している。諸外国では，支援対象者を，子どもに限定している団体も多いが，筆者はむしろ長期的支援を要するのは責任を有する家族だと考えている。家族が加害性を認識し，加害者とのかかわりを修正していくことで，加害者の行動に変化がみ

177

第3部　家族問題をめぐる新たな潮流と課題

られ再犯防止につながるケースが出てきているからである。たとえ，家族に責任があったとしてもその責任を果たしていくことができるように支えていくことが社会の使命だと考える。

②　ケアと人権

　日本の加害者家族問題は，逮捕報道に端を発して拡大する。加害者家族が混乱に陥り最も支援を要するのは逮捕前後であり，捜査段階からの介入が求められる。

　家族が支援を要する状況は実に多様であり，各場面で支援者が意識すべきは，ケアと人権どちらが優先されるかである。家族も捜査機関から事情聴取を求められることがあり，対国家との関係で生じる問題には弁護士の介入が不可欠となる。

　法的問題のように一定の紛争解決が見込まれ，時間的制約を要する問題を見逃さないことが重要である。

③加害者家族の責任とは何か

　日本社会において加害者家族は，一様に家族から犯罪者を出した結果を責められる。しかし，家族に責任があるか否か，具体的にどのような責任を負っているかということは，事件そのものを丁寧にみていかなければ導き出すことはできない。

　WOHでは，加害者本人との面会や情状鑑定といった裁判への協力を通して事件の調査や分析に時間を割いている。こうした事件そのものへの介入は，事件後，家族がどのように加害者とかかわればよいかを考える上で不可欠である。

　事件の処理に関して，基本的に加害者家族が負わなければならない義務があるわけではない。しかし，被害者をはじめ，事件によって迷惑をかけた人々への謝罪など家族が社会とのつながりを保つためにしておきたいと考えるニーズは無視できない。人としての責任を果たせていないという後ろめたさは加害者家族が社会生活を送る上で負担となっているである。

178

2 加害者家族支援

④ 個人の尊重

日本社会では，家族連帯責任という発想が未だ根強く，それは家族の援助を美化し，家族が事件の処理を担うことを当然の義務のように捉えている人々も少なくない。しかし，加害者家族支援では，家族に更生の担い手となることを強制したり，加害者と同居することを強いたりすることがあってはならない。

支援者は，相談者との信頼関係がなければ支援は成立せず，信頼は対等な関係性からでなければ生まれてこない。したがって，「指導」や「監督」といったパターナリスティックな介入は，加害者家族支援とはいえない。

支援とは，加害者家族個人の選択を後押しすることである。

(5) 日本の加害者家族支援の現在

日本の加害者家族への包括的支援は，大きく分けて，判決確定前の未決段階と確定後の既決段階がある。未決段階は，報道や捜査に家族が巻き込まれ，生活が不安定になることから，支援の頻度が高くなり，転居や転職に関する相談など，生活に関する具体的な助言が求められる。

たいていの事件では，判決確定後は事件への社会的関心は薄れ，家族の生活は落ち着きを見せ始めることから，ようやく自分自身の問題と向き合う余裕が生まれる。この時期は，心理的支援に適した時期であり，当事者同士が体験や悩みを共有する「加害者家族の会」を各地で定期的に開催している。

事件や加害者との関係によって加害者家族がおかれる状況はさまざまであり，個別の事案に即した，柔軟かつ，きめ細やかな対応を心がけている。

【参考文献】

阿部恭子（2017）『息子が人を殺しました──加害者家族の真実』幻冬舎。

阿部恭子編著，草場裕之監修（2015）『加害者家族支援の理論と実践──家族の回復と加害者の更生に向けて』現代人文社。

宿谷晃弘・宇田川光弘・河合正雄編（2013）『ケアと人権』成文堂。

鈴木伸元（2010）『加害者家族』幻冬舎。

（阿部恭子）

3 情状鑑定

(1) 情状鑑定とは何か

　刑事裁判において，裁判官の判断能力の不足を補うために学識経験者から専門的知識そのもの，もしくは専門的知識を応用した結果を裁判所に報告させる証拠手続として「鑑定」がある（庭山 1977）。鑑定といっても，法医学鑑定，DNA鑑定，精神鑑定，情状鑑定など，多くの種類があるが，精神鑑定は，刑事責任能力と訴訟能力が問えるかを判断するための医学的鑑定で，裁判所は，その結果を踏まえて，「責任能力なし（心神喪失）」，「一部責任能力あり（心神耗弱）」，「責任能力あり」のいずれかを判断していくことになる。

　一方で，情状鑑定は，「訴因事実以外の情状を対象とし，裁判所が刑の量定，すなわち被告人に対する処遇方法を決定するために必要な智識の提供を目的とする鑑定」（兼頭 1977）とされている。日本の刑事司法における量刑判断では，たとえば，窃盗が「他人の財物を窃取した者は，窃盗の罪とし，10年以下の懲役又は50万円以下の罰金に処する」（刑法235条）と定められているように犯罪行為に応じた量刑の枠組みがある。これを罪刑法定主義というが，その枠組みの範囲で，犯行の動機・目的，手段や方法，計画性の有無といった「犯情」と，被告人の家庭環境，生活歴，性格・行動傾向，処遇可能性，被害弁済などの「一般情状」に照らして，最終的な量刑を判断していくのである。こうした「犯情」や「一般情状」に関する専門的知見を提供するのが情状鑑定であり，精神鑑定と異なって心理－社会的側面に焦点をあてていくため，時に「心理鑑定」と呼ばれる。刑事司法手続では，犯罪事実の認定だけでなく，犯罪に至った人の心理的・社会的次元にかかわる多用な問題そのものを解決する必要があるといった認識が治療的法学（Therapeutic Jurisprudence）の理論として世界的な広がりをみせている（Winick & Wexler 2003）。わが国でも少しずつ浸透して

きており，今後，情状鑑定の果たす意義はより高まっていくと考えている。

(2)　情状鑑定が求められる場合

　情状鑑定が求められるのは，実務上，以下のような場合である。
①　動機あるいは犯罪行為そのものの理解が困難である。
②　知能やパーソナリティ上の問題がうかがわれる。
③　虐待，発達障害と犯罪の関連を知りたい。
④　犯行態様の悪質性と被告人像が結びつかない。
⑤　処遇上の留意点や社会的予後について知りたい。
⑥　少年法55条の家裁移送が争点となっている。

　前記⑥は，家庭裁判所で検察官送致となった少年の刑事裁判において，家庭裁判所の手続きに戻すのか否かが争点となっていることを意味している。
　なお，裁判所からの典型的な鑑定命令は，「被告人の資質（知能等）および性格」，「犯行に至る心理過程」，「処遇上の参考となる事項」の3つである。

(3)　情状鑑定の方法論

　裁判員裁判における鑑定人は，専門性に基づいた的確な分析だけではなく，結果をわかりやすく説明するプレゼン能力も求められる。ここでは，鑑定面接から法廷における証言に至るまでの基本的な方法論および留意点を述べる。

①　鑑定資料
　起訴状，供述調書，実況見分調書などの捜査資料のほか，被告人が未成年の場合には家庭裁判所の手続きで作成された少年調査記録（社会記録）が，精神鑑定が先行して行われた場合には精神鑑定書が参考となる資料である。
　その他，若年者では家族面接をする機会が多くなり，生育歴を把握する上での資料，たとえば，母子手帳，小中学校時代の通知書などを持参してもらう。

第3部　家族問題をめぐる新たな潮流と課題

②　鑑定方法

鑑定の主たる方法は面接であるが，必要に応じて心理テストも実施する。標準的なテスト・バッテリーはないが，投映法や質問紙を組み合わせていくことが多い。ロールシャッハ・テスト，TAT，描画法（バウム，家族画），PFスタディ，エゴグラム，MMPI, SCTなどはよく用いられるが，要は鑑定の必要性に応じて妥当な心理テストを選択することである。

鑑定面接を開始する際に重要なのは，インフォームドコンセントである。鑑定人は，鑑定の目的，おおよその面接回数，心理テスト実施の有無などを丁寧に説明する。

鑑定面接は，心理臨床でいうアセスメント面接であり，鑑定人が主導する形で質問していく半構造化面接となる。ただし，できる限り自由に語ってもらえるような雰囲気づくりや関係性の構築も必要であり，そうした中での被告人の主体的な"語り"が生まれ，被告人のこれまで歩んできた人生ストーリーや内的な世界が浮かび上がるし，犯行に至る心理過程の微妙な動きもみえてくる。その際，被告人の主観的世界ばかりに焦点をあてすぎず，外形的な事実との整合性にも留意しておく必要がある。

③　鑑定書，プレゼン資料の作成，公判廷における証人尋問

鑑定書は，内容的に優れていても，難解なため理解されなければ意味がない。できる限り平易な表現に努め，専門用語には必要に応じて解説も入れる。

裁判員裁判では，公判の場で鑑定結果の説明と鑑定内容に関する質問（証人尋問）が行われる。弁護人，検察官，裁判官・裁判員からのさまざまな質問に対して誠実かつ簡潔に応答するよう心がける。

(4)　情状鑑定の効果と臨床的側面

情状鑑定は"量刑結果への反映"だけではなく，以下に述べるさまざまな不随効果が生じる。

① 情緒的交流の場としての面接

鑑定人と被告人という立場の違いはあっても，そこでは人と人が対峙するのであり，両者の間にさまざまな情緒的な交流が生まれる。面接を重ねていく中で，被告人の語りと鑑定人の応答を通じて被告人の願望，不安，怒りなどこれまで語りきれなかった側面があらわになっていくのである（須藤 2012）。

また，村松（2001）が「問い」そのものに臨床的な工夫が必要であると指摘しているように，問いかけが被告人に事件や人生をふりかえさせる契機となる。

② 被告人にとって"理解される"という体験

被告人の多くは，これまでの生活の中でさまざまな躓きを経験し，これまでの苦難について理解してもらいたいという顕在的・潜在的なニーズをもっている。これまで語ることのできなかった自分の生い立ちや苦しみが受け止められ，"全人格的な存在"として認められるプロセスそのものが更生に向けての第一歩となり得るのである。

③ 家族関係の再構築

情状鑑定は，家族にとっても，被告人との関係，家族のあり方をふりかえる機会にもなる。

ここで私が担当したある事例を紹介する。被告人は20代男性で，兄に対する殺人未遂で起訴された。先行した精神鑑定では，自閉症スペクトラムの疑いはあるが，責任能力には問題ないという所見が示された。親族内での殺人未遂であり，動機の形成と自閉症スペクトラムとの関連，将来，社会復帰させるに際しての留意点が主たる鑑定事項であった。公判では，軽度の知的障害，自閉症スペクトラムによるコミュニケーションの課題や自閉傾向が被告人の社会的適応を困難にさせているとともに犯行動機や態様に大きく影響していることを説明した。その上で，これまで福祉的支援を受けていなかった現状にも着目し，社会復帰にあたっては社会福祉の専門家による援助を仰ぐことが不可欠であり，知的障害者の療育手帳もしくは精神障害者保健福祉手帳の取得を検討すべきとした。家族もその必要性を認識し，受け入れ態勢を整えていった。

第3部　家族問題をめぐる新たな潮流と課題

(5)　求められる情状鑑定の担い手

情状鑑定は，十分認知されているとは言い難く，その担い手となる専門家の数も少ない。しかしながら，刑事司法は，法の思考に心理学や精神医学等の人間行動科学の視点が必要とされる時代を迎えつつある。本章で心理学専攻の学生もしくは，心理臨床家の方に少しでも関心をもっていただければ幸いである。

【参考文献】

兼頭吉市（1977）「刑の量定と鑑定」上野正吉・兼頭吉市・庭山英雄編著『刑事鑑定の理論と実務──情状鑑定の科学化をめざして』成文堂，114-128頁。

須藤明（2012）「犯罪・非行領域における臨床的面接の本質」駒沢女子大学研究紀要，19号。

庭山英雄（1977）「鑑定の意義と機能」上野正吉・兼頭吉市・庭山英雄編著『刑事鑑定の理論と実務──情状鑑定の科学化をめざして』成文堂，1-6頁。

村松励（2001）「非行臨床における面接技法の工夫──少年の援助のために」ケース研究2001(3)，家庭事件研究会。

Winick, B. J., & Wexler, D. B. (2003) *Judging in a therapeutic key : therapeutic jurisprudence and the courts,* Carolina Academic Press.

（須藤　明）

# 成人年齢引き下げと少年法

(1) 問題の概要

　現行の少年法は，「少年」を「20歳に満たない者」，「成人」を「満20歳以上の者」と定義した上で（2条1項・2項），「健全な育成」（1条）を図る見地から，「少年」について特別な手続きや処分を行うよう定めている。

　この「少年」年齢の上限は，歴史的にも論争の的となってきた。1922年制定の旧少年法は，これを民法の成年年齢（20歳）よりも低い18歳未満とした。1948年制定の現行少年法は，18・19歳の者による非行には刑罰よりも保護処分で対応することが有効であることを根拠に，これを20歳未満へと引き上げた。それに対し，法務省による1965年の少年法改正構想と1970年の少年法改正要綱は，18歳から21歳（または23歳）までの者を「青年」として原則的に刑事司法制度で扱うことを構想した。しかし，この構想は立法として実現しなかった。

　こうした中，少年法適用の上限となる年齢を引き下げる動きが2010年代後半に生じ，法制審議会で議論が行われている。

(2) 議論のきっかけと背景

　現在の直接的な立法の動きは，法制審議会第178回会議（2017年2月9日）において法務大臣から諮問第103号「少年法における少年の年齢及び犯罪者処遇を充実させるための刑事法の整備」が発されたことに端を発する。これを受けて法制審議会には「少年法・刑事法（少年年齢・犯罪者処遇関係）部会」（以下，「部会」）が新設された。

　そのきっかけとなったのは，2007年に成立した憲法改正国民投票法である。この法律が投票権年齢を18歳に据えたことと平仄を合わせて，2009年に法制

第3部　家族問題をめぐる新たな潮流と課題

審議会民法成年年齢部会の最終報告書は，民法上の成年年齢を18歳に引き下げることを提案した。これは，2018年の民法改正に結びついている。また，2015年に，改正公職選挙法は選挙権年齢を18歳に引き下げるとともに，その附則11条で，「国は，国民投票……の投票権を有する者の年齢及び選挙権を有する者の年齢が満十八年以上とされたことを踏まえ……民法……，少年法その他の法令の規定について検討を加え，必要な法制上の措置を講ずるものとする」と規定した。

　これと並行して，2015年4月，自民党内に「成年年齢に関する特命委員会」が設置され，同年9月に「提言」が出された。ここでは，「国法上の統一性」や「分かりやすさ」の観点から少年法適用年齢を満18歳未満に引き下げるのが適当であることが主張される一方で，「刑事政策的観点」から「この年齢層を含む若年者のうち要保護性が認められる者」に対して「保護処分に相当する措置」を適用できる制度のあり方を検討すべきことが留保された。

　以上の動きを受けて，2015年11月から法務省内で「若年者に対する刑事法制の在り方に関する勉強会」が全10回開かれ，関係機関や刑事法学・刑事政策研究者，医学者，マスコミ関係者，被害者などへのヒアリングを踏まえた「取りまとめ報告書」が，翌年12月に公表された。

　法制審議会への諮問と部会の設置は，こうした流れの上にある。そこでは，①少年法における「少年」の年齢を18歳未満とすることと，②非行少年を含む犯罪者に対する処遇をいっそう充実させるための刑事の実体法および手続法の整備のあり方が議論されている。①は形式面において「少年」や「成人」の年齢が法分野を横断して同じでなければならないかという問題，②は実質面において犯罪・非行を防ぐにはどのような制度が有効なのかという問題である。

(3)　少年司法制度の基本的な仕組みと少年法不適用によって起こる問題

　少年司法制度の特徴は，刑罰法令に触れる行為に及んだ犯罪少年だけでなく将来そのおそれがあるぐ犯少年をも対象としている点にある。また，犯罪の嫌疑やぐ犯を構成する事由がある以上，捜査機関（警察・検察官）は，全て事件を家庭裁判所に送致しなければならないものとされており（全件送致主義），微

罪処分や起訴猶予のような事件処理権限は認められていない。家庭裁判所による審判は，非公開で行われる。そこでは，非行事実とともに要保護性（どのように，どのような保護を要する状態にあるか）が確認され，それを踏まえて処分が選択される。要保護性は，人間行動科学の専門的知見を用いた少年鑑別所の鑑別や家庭裁判所調査官の社会調査を通して明らかにされる。家庭裁判所は，終局処分として，保護処分（保護観察，児童自立支援施設送致・児童養護施設送致，少年院送致）だけでなく，保護処分の解消を理由とする不処分や審判不開始の決定を行うこともできる。他方，刑事裁判所での審理や刑事処分の賦課が必要である場合には，検察官に事件を送致することもできる。

　この仕組みは，家庭裁判所に事件を一元的に集約し，人間行動科学の専門的知見を用いて非行の背景となっている少年が抱える問題を解明し，それを解決するために必要・有効な処遇を施すことを眼目としている。これを支えているのは，非行につながっている環境や資質の問題を解明し，教育的な手段を用いて個別的にそれに対応した方が犯罪予防に有効であるという考えである。

　他方，刑事司法制度は，実体法的には応報原理に立脚しつつ手続法的には起訴裁量主義（起訴便宜主義）を採用している。外形的事実に着目し，犯罪の軽重を中心的な考慮要素として，量刑を行い，また検察官が起訴・不起訴を決めるのが基本構造となる。18・19歳の者による事件の多くは外形的事実としては軽微であるため，この年齢層の者に少年法が適用されなくなれば，起訴猶予または略式手続を用いた罰金で事件が終局することが予想される。

(4) 「若年者に対する新たな処分」の構想とその問題点

　しかしそうなると，非行の背後にある問題に手がつけられないままになるおそれが生じる。そのためもあってか，部会で有力に唱えられているのが，起訴猶予相当の事件を家庭裁判所に送る構想である。それは，罪を犯した18・19歳の者であって，訴追を必要としないため公訴を提起しないこととされたものにつき，家庭裁判所において非公開による調査と審判を行い，処分を課すことができるようにし，必要に応じて少年鑑別所による鑑別も実施する，というものである。一方で刑事司法制度改革として，刑の全部執行猶予制度の拡充や罰金

第3部　家族問題をめぐる新たな潮流と課題

の保護観察付き執行猶予の活用，少年院の知見・施設を活用して若年受刑者の特性に応じた処遇を行うこと，若年受刑者に対する処遇原則の明確化といった措置をとりつつ，他方でこの「若年者に対する新たな処分」を導入することで，18・19歳の者を少年法・刑事法上「成人」として扱うことから生じる問題の緩衝を図る意図を，ここにうかがうことができる。「新たな処分」の対象が起訴猶予相当の事件とされているのは，「成人」の事件である以上，行為責任主義に服する必要があるからである。

　しかし，この構想では，刑事裁判所に起訴される事件において家庭裁判所調査官による調査が行われないことになる。執行猶予や行刑のあり方を改革するとして，手続過程におけるケースワークなしに教育効果が上がるかも見通せない。「新たな処分」についても，少年院送致のような施設収容処分の正当化は行為責任主義の観点から難しい。少年法・刑事法上「成人」として扱うのであれば，適正手続保障の観点から，非形式的な非公開の手続きで審判を行うことにも疑義が生じ，無罪推定の法理から事実認定前に社会調査や鑑別が行われることにも問題が起こる。さらに，民法上の「成年」を少年法上の「少年」として扱うことが許されないという前提に立つ以上，調査・審判段階のみならず処遇段階においても少年法の理念が及ばないこととなると考えるのが自然である。そうすると，「新たな処分」においては本人の成長発達を促すための働きかけとは無関係に再犯を防止するための措置がとられる事態も起こり得る。

　これは，少年法上の「少年」は民法上の「成年」と連動しなければならないことを前提にするがゆえの隘路である。その主柱は，保護者を観念することができない民法上の「成年」に国親思想に基づくパターナリズムで介入を正当化できないとの考えである。しかし，民法上の成年年齢の引き下げは，主には取引や契約の主体となることに着目したものであり，18・19歳の者が成熟したことを根拠とするものではない。飲酒や喫煙の禁止年齢もこれとは連動していない。この年齢層の者がなお発達の途上にあることを明らかにしている脳科学をはじめとする諸科学の知見に鑑みても，慎重な立法が求められよう。

【参考文献】
刑事司法及び少年司法に関する教育・学術研究推進センター編（2018）『少年法適用年齢引

き下げは何をもたらすか』日本評論社。

「少年法適用の上限となる年齢を引き下げるための法改正を行うことに反対する刑事法研究者の声明」(2018) 法学セミナー768号。

　https://sites.google.com/view/juvenilelaw2018/

（武内謙治）

離婚時の親権
——単独親権と共同親権

(1) 現行民法と法改正に向けた動き

　現行民法において，父母の婚姻中は，未成年者（現行民法は20歳未満を未成年者としているが，2018年の民法改正により，施行日である2022年4月1日以降は，18歳未満が未成年者とされる）の親権は父母が共同して行うこととされているが（民法818条1項・3項），父母が協議離婚をするときは協議で父母の一方を親権者と定めなければならず（民法819条1項），裁判離婚の場合には裁判所が父母の一方を親権者と定める（民法819条2項）。子の出生前に父母が離婚した場合，原則として母が親権者となり，子の出生後，父母の協議で，父を親権者と定めることができる（民法819条3項）。父母が未婚の場合，原則として母が親権者となり，父が認知した子については，父母の協議で，父を親権者と定めることができる（民法819条4項）。すなわち，父母の婚姻中は父母の共同親権であり，父母が未婚の場合または父母が離婚した場合には父母の一方の単独親権となる。

　そして，政府が，離婚後の共同親権制度の導入を検討しており，親権制度の見直しに向けた民法改正について法制審議会に諮問する予定であるとの報道がなされ，当時の法務大臣が，閣議後の記者会見において，離婚後共同親権制度導入の賛否両意見に触れた上で，法務省としては，今後，無戸籍者の解消に向けた取組みの一環として，嫡出推定制度の見直しに向けた検討を開始する予定であり，これとも関連する親子法制の諸課題について，離婚後単独親権制度の見直しも含めて，広く検討していきたいと考えているとのことを述べた（2018年7月17日（火）法務大臣閣議後記者会見の概要：http://www.moj.go.jp/hisho/kouhou/hisho08_01028.html）（選択的共同親権制度の導入について法務省が本格的な検討に入ったとも報じられた。2019年2月17日付け日本経済新聞）。このため，離婚後の親権を

めぐる法制度のあり方がよりクローズアップされるようになっていると思われる（もっとも，2011年の民法改正時の附帯決議〔第177回国会閣法第31号　民法等の一部を改正する法律案に対する附帯決議〕では，親権制度については，今日の家族を取り巻く状況，本法施行後の状況等を踏まえ，協議離婚制度のあり方，親権の一部制限制度の創設や懲戒権のあり方，離婚後の共同親権・共同監護の可能性を含め，そのあり方全般について検討することとされていた）。

　そこで，離婚後共同親権制度の導入をめぐる議論状況等の概略に触れる。

(2)　日本での議論状況

　日本での離婚後共同親権制度の導入をめぐっては，賛否両論があり，ここでは，それぞれの立場の論拠について，ごく簡単に触れる。

　離婚後共同親権制度導入賛成派の論拠としては，以下のことなどが指摘されている。(a)離婚の90％以上が協議によって成立しており，離婚後も共同で子育てにかかわることができる父母にとって，単独親権制度は実情にそぐわない。(b)離婚後単独親権制度では，非親権者は，養育費の支払い，面会交流等，子どもに対する離婚後の義務感が薄れがちになるが，離婚後共同親権制度を導入すれば，養育費の支払い，面会交流等，子どもと親の離婚後の交流が積極的になる。(c)離婚後単独親権制度では，離婚時の親権者の指定をめぐって父母が激しく対立することになり，離婚後共同親権制度を導入すれば，親権者の指定をめぐる父母の対立が緩和される。(d)離婚後単独親権制度では児童虐待が見逃される。

　離婚後共同親権制度導入否定派ないし慎重派の論拠としては，以下のことなどが指摘されている。(a)現行民法においても，父母の関係が良好であれば，共同で子育てに関与することができ，また，監護や面会交流の内容は柔軟に決めることはできることから，あえて離婚後共同親権制度を導入する必要性はない。(b)非親権者であっても扶養義務があり，養育費の履行確保は強制執行制度の問題であり，親権は面会交流を強制する権利ではなく，面会交流の支援体制の充実を図るべきであり，いずれも離婚後共同親権制度の問題ではない。(c)欧米で導入されている共同親権制度は選択的共同親権制度であり，選択的共同親

第3部　家族問題をめぐる新たな潮流と課題

権制度を導入すれば，単独親権にするか共同親権にするかという争いが生じ，父母の対立が緩和されることにはならない。(d)離婚後単独親権制度の下でも，児童虐待に関する制度は整備されており，児童虐待を防止できていない要因としては，その制度が適切に機能していないことにあり，親権制度の問題ではない。

(3)　諸外国の動向——オーストラリアの制度を参考に

諸外国においては，離婚に関する法制度について，夫婦のどちらに責任があるかという有責主義から，婚姻関係が破綻しているかという破綻主義に移行している。そして，破綻主義への移行によって離婚が認められやすくなると，離婚が増え，親の子どもに対する権利・義務をどのように考えるかが検討課題となり，親子に関する法制度の改正が進んでいる。

諸外国の親子に関する法制度の調査結果も公表されており，法制度の内容は各国でさまざまであるが，ここでは，世界的に動向が注目されているというオーストラリアの法制度（小川・宍戸 2014）について，ごく簡単に触れる。

①　離婚制度について

日本のような協議離婚制度はなく，現行法は，回復の見込みがない婚姻破綻が唯一の離婚原因とされ，その破綻の認定は12カ月間の別居という客観的事実により行い，別居に至る理由や夫婦のどちらに婚姻破綻の責任があるかは問題とされない。

そのため，裁判上，婚姻破綻の責任を追及する必要性がなくなり，家庭裁判所の役割は，財産分与の問題と，離婚後の子どもの養育にかかわる問題の処理に集中できることとなったとされている。

別居の時点で，夫婦と同居する18歳未満の子がいる場合，その子の監護，福祉および生育に関して，夫婦間で適切な取決めがなされていることを裁判所に提示しなければならず，裁判所は，この提示を受けて，その取決めの効力の発生を宣告する。なお，この取決めは，養育命令・養育計画である必要はない。

② 親の責任について

親子関係に関する規定は，1996年に連邦家族法の改正があり，目的として「子どもが適切かつ十分に父母からの監護・養育を受けることを確保し，子どもが有する自己の能力を十分に発揮することを援助し，子どもの監護，福祉及び発達に関し，父母がその義務を果たし，その責任に応えることを確保することにある」と規定された。

そして，未成年の子の父母は，それぞれ，自分の子どもに関して「親責任 (parental responsibility)」を有することが規定されており，父母が未成年の子と同居しているか否か，これまでに同居したことがあるか否かにかかわらず認められる第一義的な責任とされている。日本のような「親権」という言葉は用いられていない。

連邦家族法は，親責任について「父母が子どもに関して法律上有する全ての義務，権能，責任及び権威」と定義する (61条 B) が，具体的な内容は明示されていない。学説は，コモン・ローに寄りつつ，子どもに住居を提供すること，子どもと面会交流すること，子どもの教育，宗教，氏名，食事等の日常的な世話に関して決定すること，子どもの扶養や財産管理を行うこと等の義務・権能等をあげている。

この親責任は，離婚後も父母が継続して有するが，養育命令や養育計画によって，親責任の付与割当を定めることができ，その調整手続について詳細に定められている。

③ 支援体制について

当事者自身では解決することが難しいような事案に対して，さまざまな支援体制を整えており，以下では，その例をいくつかあげる。

子どもの監護をめぐる争いについて合意を形成することを目的として，広汎な支援を原則として無料で提供しているセンターが創設されたり，家族や子どもの問題の専門家と法律の専門家が協力をして，事例の検討・評価を行い，報告書が作成され，当事者を合意形成に促すという「子どもをめぐる紛争対応専門プログラム (The Children's Cases Program)」が導入されている。

高葛藤事案や児童虐待等の懸念がある事案では，面会交流センターが，専門

第3部　家族問題をめぐる新たな潮流と課題

のスタッフによって，面会交流の支援や経過観察を行い，必要に応じて家庭裁
判所と連携を取っている。

　支援体制はこれらだけに限られないが，争いを当事者の合意により解決する
支援体制の構築が試みられている。

④　法改正について——2006年改正と2011年改正

　離婚後も父母がそれぞれ子どもにかかわることの重要性が強調され，2006年
の法改正により，父母の別居後の均等な親責任の実現が目指された。

　しかしながら，当初から懸念されていた，児童虐待や家庭内暴力が存在する
事案の危険性や子どもの養育環境への悪影響が現実のものであるとの報告がな
された。また，研究成果により，父母の間に強い対立関係がある場合に共同養
育の取決めをすると，子どもに対して好ましくない影響が強いことが明らかに
された。

　その結果，2011年に，裁判所は子どもの最善の利益の判断に際して子どもの
安全に重点をおくこと，子どもの養育に関しての合意に関するアドバイスに際
して，父母の利益より子どもの安全を優先させるなどの法改正がなされた。こ
の法改正は，多くの研究成果を踏まえて行われたもので，世界的に注目が集
まっているとされている。

(4)　「子どもの最善の利益」のための親子法制度に向けて

　離婚後共同親権制度をめぐる課題について，最後に少しだけ触れる。

　親権制度は，「子どもの最善の利益」のためのものであるから，現行制度を
変更するまたは新たな制度を導入する際には，子どもにマイナスの影響があっ
てはならず，子どもの視点からの検討は不可欠である。

　筆者の経験からしても，父母間の争いに子どもが巻き込まれている事案が存
在することは明らかな事実である。

　たとえば，(a)離婚成立前に，一方の親権者が子どもを連れて別居をしたこと
により，他方の親権者が監護者指定及び子の引渡しの調停または審判を申し立
てる事案（同時に離婚や婚姻費用が問題になることもある），(b)離婚調停または離婚

194

訴訟と同時にあるいは離婚成立後に，非監護親または非親権者が面会交流調停
または面会交流審判を申し立てる事案，(c)離婚成立後，非親権者が親権者変更
調停または親権者変更審判を申し立てる事案である。

　子どもが父母間の争いに巻き込まれる事案はこれらだけに限られないが，筆
者の経験では，１組の父母の間で，複数の事件（離婚，監護者指定，子の引渡し，
面会交流等）を同時に家庭裁判所で取り扱う事案が増えつつある。

　このような事案では，児童虐待や家庭内暴力の事実がないとしても，父母の
対立が深刻化し，法的な手続きでの解決に至るまでに１年以上かかることもあ
る。そのような環境の中で，父母が対立している状況を，子どもが，敏感に感
じ取り，父母の顔色をうかがっていると思われる行動傾向を示すようなことも
ある。

　法律は条文の文言を解釈して具体的な事案に適用することによって争いを解
決するものであるから，離婚後共同親権制度の導入は，法律が適用される可能
性がある父母間の争いに巻き込まれている子どもへの影響が大きい。

　現在，離婚の90％以上が協議によって成立しており，家庭裁判所の関与がな
く成立している離婚の割合が圧倒的に高いとはいえ，父母間の争いに巻き込ま
れている子どもの存在を軽視してはならない。

　離婚後共同親権制度の導入を検討するにあたっては，父母間の争いに子ども
が巻き込まれてしまう原因が，離婚後単独親権制度にあるかについては慎重な
検討を要すると考える。

　子どもをめぐって争う父母の心情としては，「子どもと一緒に生活をして子
どもを育てたい」「子どもと長く一緒にいたい」などさまざまなものがあり，
それらを法的な主張として構成するならば，現行民法においては，自分を「親
権者」または「監護者」として指定することを求めることになることが多い。

　そうだとすれば，離婚後共同親権制度を導入すれば，上記のような父母の心
情は，法的な主張としては自分を「親権者」として指定することを求める必要
がなくなる可能性があるとしても，父母のどちらが主として子どもと同居して
育てるかという争いになるとも考えられ，子どもをめぐる父母間の争いが減少
するかは不明確である。

　諸外国の制度や動向が参考になるとはいえ，日本と諸外国では，離婚手続へ

第3部　家族問題をめぐる新たな潮流と課題

の司法の関与のあり方，支援体制のあり方等，前提となっている法制度や事実が大きく異なっている。

　大事なことは，親権制度は「子どもの最善の利益」のためのものであるから，「子どもの最善の利益」のために，親子に関する法制度をどのように構築するかであると考える。

　しかしながら，協議によって離婚が成立した父母と子どもの離婚後や，調停や裁判等，家庭裁判所が関与して離婚が成立した父母と子どもの離婚後に関する実態調査は正確に行われたことはないのではないかと思われる。

　現代社会においては，家族のあり方も多種多様化していることから，離婚後の親権について，単独親権制度を維持するか，共同親権制度を導入するかという二者択一的な議論ではなく，離婚後の父母と子どもに関する実態調査の実施を検討し，「子どもの最善の利益」の視点から，離婚手続への司法の関与のあり方，養育費や面会交流等，支援体制のあり方なども含めた親子に関する法制度全体の慎重な検討が必要な課題であると考える。

【参考文献】

　小川富之・宍戸育世（2014）「オーストラリアの離婚後の親権制度」一般財団法人比較法研究センター『各国の離婚後の親権制度に関する調査研究業務報告書』。

　梶村太一・長谷川京子・吉田容子編著（2019）『離婚後の共同親権とは何か──子どもの視点から考える』日本評論社。

　財団法人日弁連法務研究財団離婚後の子どもの親権及び監護に関する比較法的研究会編（2018）『子どもの福祉と共同親権──別居・離婚に伴う親権・監護法制の比較法研究』日本加除出版。

（久能由莉子）

子どもの意見の尊重と子どもの手続代理人制度

(1) 家事事件手続法の制定

① 家事審判法の廃止と家事事件手続法の制定

　国民の利便性向上および現代社会に適合した内容のものにするため，家事審判および家事調停の手続き，不服申立て等の手続き等に関する規定の整備がなされた。これに伴い，従来の家事審判法（1948年施行）は廃止され，2013年より家事事件手続法が施行されている。

　家事事件手続法は，夫婦間の紛争や成年後見など，家庭に関する事件を取り扱う法であり，当事者が手続きに主体的にかかわるための機会が保障されている。家事事件は大きく分けると，家事審判に関する事件と，家事調停に関する事件とに分かれ，家事審判では裁判官がさまざまな資料に基づいて判断し決定する手続きであるのに対し，家事調停は，裁判官1人と調停委員2人以上で構成される調停委員会が，当事者双方から言い分を十分に聴きながら合意による円満な解決を目指す手続きである。

② 家事事件手続法により創設された制度

　相手方のある事件では，家庭裁判所は原則として，申立書の写しを事件の相手方に送付しなければならない。これは，相手方が申立て内容をよく把握した上で答弁の準備ができるようにするためである。そして，家事審判事件では，当事者の請求があった場合，利害関係人のプライバシーに配慮する必要性がある場合は別として，事件記録の閲覧謄写を原則として許可することとなった。さらに，事件当事者以外の「審判の結果により影響を受ける者」のうち一定の者について，その陳述を聴かなければならない場合が明記された。特に，子どもが影響を受ける事件では，子どもの意思を把握するように努め，子どもの意

第3部　家族問題をめぐる新たな潮流と課題

思を考慮しなければならない。そして，当事者の負担軽減のため，電話会議システムまたはテレビ会議システムを利用して手続きを行うことも可能となった。ただし，離婚などの重大な身分関係の変更の事案では，調停成立日には裁判所に出頭する必要がある。

(2)　子どもの手続代理人

　家庭裁判所は，子どもの意思の把握に努め，年齢・発達の程度に応じてその意思に配慮しなければならない。子どもの意思の把握に関しては，これまでも家庭裁判所調査官制度があり，心理学などの専門的知見を有する調査官が子どもの意向を調査してきた。しかし，調査官調査は，裁判官の命令により，裁判所の一職員が審判に役立つ資料の収集を目的として子どもの意思を把握するものであり，子どもは調査の主体ではなかった。子どもの意見形成に必要な情報提供を行うことや，子どもからの質問・相談に応えることは想定された調査官の職責ではなかったのである。

　そこで，子どもの意見表明の実質的保障と子どもの利益の保障を図るための制度として，裁判所から独立した地位を有する手続代理人が，子どもをひとりの主体として意見表明できるよう援助する仕組みが設けられた。手続代理人は，子どもが自らの意見を表明できるように，手続きの流れや今後の見通しなどの必要な情報を提供し，それにかかわる質問や相談を受ける。

　子どもの手続代理人は，原則として弁護士しかなることができない。選任の仕方は私選と国選がある。子ども自身で弁護士に依頼することもできるし，裁判所が必要と認める場合に，当事者の申立てまたは職権で，手続代理人を選任することができることとなった。子どもの手続代理人は，両親ではなく，子ども本人の代理人であり，家庭裁判所の調停・審判，たとえば離婚調停，面会交流の調停・審判，監護者指定や親権者指定・変更の調停・審判，親権喪失・停止の審判，管理権喪失の審判，未成年後見に関する審判，養子縁組許可の審判，離縁の調停などの手続きにおいて，子どもに手続きを説明し，質問に答え，相談に乗り，自身の意見や気持ちを言えるようにサポートすることで，子どもの最善の利益を実現する活動を行う。参加する子どもの年齢は，おおむね

198

小学校高学年以上が想定されている。

(3) 調査官制度と子どもの意見の尊重のために

　家庭裁判所調査官制度は，世界的にみても優れた制度である。子どもの心理・発達などに専門的知識を有する調査官の多くが，子どもの意向を把握するだけでなく，コミュニケーションを図り，子どもにとって最善の結果を導き出せるよう，子どもの周囲，学校や親族，近隣の社会資源などを積極的に調査し，子どもの立場に立った問題解決方法を探し，裁判所に報告をしてきただろう。家事事件手続法により，裁判所とは独立した地位にある子どもの手続代理人が，一定期間の研修を積んだ弁護士から選任されることとなったが，弁護士会でも当番弁護士の順位決めや研修制度などはまだ手探りであり，調査官以上に子どもの心理・発達に詳しい弁護士が選任されているか疑問が残る。2013年に家事事件手続法が施行されて以来，子どもの手続代理人が選任されたケースは数えるほどしかない。また，子どもの手続代理人の報酬について，子ども自身が費用負担することは現実問題として難しく，両親が折半する形になるとしても，回収の面で課題が残る。日本弁護士連合会では基金を創設し，報酬援助制度を準備しているが，費用負担の問題から子どもの手続代理人のなり手に事欠くことになりかねない。

　調査官が，子どもと一，二度面接するだけで報告書を作成し，方向性を決めてきたことに批判があるのは事実であるが，これからは，調査官と役割分担をしつつ，調査官制度の不足分を補う制度として，子どもの手続代理人制度が機能していくことが望ましい。

（松村歌子）

# 裁判員裁判と市民の福祉

(1) 刑事裁判の現実

　小説やドラマに登場する刑事裁判の法廷シーンでは，裁判官，検察官，弁護人が口頭で活発に議論をする様子や，証言台に立った証人あるいは被告人の口から語られる事実によって事件の真相が明らかになる様子が描かれることが多い。

　しかし，かつての刑事裁判は，それとは程遠いものであった。法廷の裁判官の面前で検察官と弁護人が口頭による主張の応酬をしたり，事件の当事者や関係者等の口から証言を直接聴いたりすることは少なく，検察官や弁護人の労力は，主に自らの主張を詳細に記載した書面や，当事者・関係者等が取調べ室で話した内容を捜査官がまとめた供述調書を法廷で提出することに注がれた。

　そして，裁判官は，法廷が終わった後に，自らの執務室で時間をかけてそれらを読み込んで心証をいだき判断を下すのが当然であった。

　しかし，刑事裁判は本来，法廷の「中」で行われるはずのものである。

　警察署や検察庁，法律事務所といった法廷の「外」で作成された膨大な書面を，裁判官の執務室という法廷の「外」で読み込んで判決が下されるかつての刑事裁判は，本来の刑事裁判の姿から大きくかけ離れたものであった。

　2009年5月21日に施行された裁判員制度は，それまで裁判官，検察官，弁護人によって行われていた刑事裁判の審理に，市民が裁判官と対等な判断権者として加わることによって，そのような刑事裁判のあり方を大きく変える契機となった。

(2) 裁判員裁判によってもたらされた刑事裁判の変化

　裁判員の参加する刑事裁判に関する法律は，審理と評議を市民である裁判員に「分かりやすい」ものにするよう明確に求めている（51条・66条5項）。これによって，裁判官，検察官，弁護人の刑事裁判における仕事のスタイルは大きな変革を迫られることになった。具体的には，検察官と弁護人は，自らの主張とその根拠を，平易な言葉で図表などを用いて裁判員にプレゼンテーションする工夫をするようになった。証拠について，重要な供述は供述調書を読むよりも法廷に出廷した証人や被告人自身の口から聴くことが重視されるようになり，文書が証拠として採用される場合にも，法廷で読み上げられる内容を聴くだけで，裁判員がその場で内容を理解できるように簡潔で平易な表現が用いられることが多くなった。裁判員とともに評議を行う裁判官も，たとえば正当防衛や責任能力といった難解な法律概念や，量刑判断のプロセスについて，裁判員が十分理解して議論に参加できるように，その本質に立ち返った説明や当事者の主張の整理について，研究と実践を重ねることとなった。

　また，従来の刑事裁判は，1カ月に1回程度の頻度で法廷を開くことを何カ月も，あるいは何年にもわたって続ける「五月雨式」の審理が一般的であった。

　しかし，裁判員となった市民をそのような形で長期間任務に就かせ続けることは大きな負担となるため，裁判員裁判の審理は連日的に集中して行われる。一例をあげるなら，月曜，火曜，木曜の3日の公判で証拠の取調べ等をした後，金曜，そして翌週の月曜に裁判官と裁判員が評議を行って結論を出し，火曜に判決を言い渡す，といった形である。

　市民参加によって不可避的にもたらされたこれらの変化は，刑事裁判を本来あるべき姿に近づけたものとして肯定的に評価することができる。

(3) 裁判員裁判で審理される事件

　裁判員裁判の対象となる事件は，法定刑の重い，いわゆる重大事件である。

第3部　家族問題をめぐる新たな潮流と課題

　そうした事件は市民生活に無縁であると思われがちであり，裁判員制度を批判する意見の中にも，そのような論調をみることがある。たしかに暴力団の抗争事件や，違法な薬物の組織的な密輸事件などについては，そのような評価も可能かもしれない。しかし，実際に裁判員裁判で審理されている事件の中には，市民生活を送る中で問題を抱えた被告人が起こしてしまった事件も少なくない。

　たとえば，殺人事件には，夫婦間あるいは親子間で発生したものが多くみられる。典型的なケースとして，病気や障害などのために長期にわたる介護が必要となった家族を，他の家族が「介護疲れ」から殺害してしまう事案がある。そうした事案の中には，加害者となった家族の側も自殺をしようとしたものの死にきれずに逮捕されるに至った「無理心中」事案も多い。

　児童や高齢者が，殴る蹴るなどの身体的な暴力をふるわれた結果として死亡した傷害致死事件の中には，加害者が同居の親族である事件が多い。こうした事件はいわゆる「児童虐待」「高齢者虐待」としてみられる場合がある。

　現に人が住居として使用している住宅等に放火をすると現住建造物等放火として裁判員裁判の対象となる。その中には，精神疾患等を有する被告人が，家族や周囲の者から孤立して，自棄的な精神状態となった結果として自殺目的の放火行為に及んだ事案も少なくない。

　被告人が若年の場合には，事件の経緯や背景に家庭環境や交友関係の問題が根深くかかわっていることがある。典型的にみられるのは，保護者による養育環境に問題のある少年が家庭を離れて不良交友を深めた結果，仲間に誘われて店舗から商品を万引きした際に，これに気づいた店員に捕まらないために暴行をふるって負傷させたという事件（強盗致傷）や，不良グループ内での人間関係トラブルから，特定の者に複数の仲間でリンチ的に暴力をふるって死亡させてしまう事件（傷害致死）である。こうした少年事件も家庭裁判所における検察官送致決定を経れば裁判員裁判において審理を受けることになる。

(4)　裁判員裁判と市民の福祉

　裁判員制度において，裁判員は，裁判官とともに，被告人がどのような罪を

犯したのか（あるいは犯していないのか）を判断する「事実認定」のみならず，有罪の被告人にどのような刑が相当かを決める「量刑」の判断も行う。

　上にあげたような事件は，裁判員である市民としても身近な出来事として捉えやすく，いわゆる市民感覚を量刑判断の議論に反映しやすい類型の事件といえる。同時に，こうした事件は世間の耳目を集めやすいため，マスコミ報道が積極的になされる傾向にある。

　もちろん，裁判員制度の開始前にも，そうした事件についての報道はなされていた。しかし，前述のとおり，裁判員裁判では，連日，法廷で検察官・弁護人によるわかりやすい主張立証がされるようになったことから，マスコミにとっても，審理の開始から判決までの比較的短い期間に，豊富な報道の材料が集中的に提供されるため，充実した報道をしやすくなったと考えられる。

　市民が裁判員として参加した裁判のマスコミ報道が積極的にされることは，事件の背後にある問題について社会で広く議論される契機となる。

　たとえば，児童虐待により幼い子どもの命が奪われた傷害致死事件や保護責任者遺棄致死事件の裁判員裁判に関する報道で事件発生までの児童相談所の対応の有無や内容，虐待をした親の側の事情などが広く知られることによって，行政による児童虐待への対応のあり方や，それ以外の子どもの死を未然に防ぐためのさまざまな方策について意見が交わされるようになっている。2018年に東京都で5歳の女児が虐待により死亡したとされる事件では，事件発生後に，生前の女児が両親にあてて書いたノートの内容が報道されたことにより世間の同情を集めるとともに，過去に児童相談所が女児を一時保護しながらも，これを解除して自宅に戻していた経緯などが明らかになり議論を呼んだ。それを受けて，政府や東京都は，児童相談所の体制強化など児童虐待を防止する取組みを推進すること等を表明するに至った。

　また，埼玉県で18歳の少年が祖父母を殺害して現金等を奪い強盗殺人罪に問われた事件では，少年が，居所を転々とする母親と時には公園で野宿までするような困窮した生活を余儀なくされた末に犯行に及んだことが明らかにされ，住民票がありながらその存在を自治体に把握されておらず支援が届かない「居所不明児」の問題が大きく注目されることになった。

　刑事裁判の目的は，あくまで「刑事事件につき，公共の福祉の維持と個人の

第3部　家族問題をめぐる新たな潮流と課題

基本的人権の保障とを全うしつつ，事案の真相を明らかにし，刑罰法令を適正且つ迅速に適用実現すること」（刑事訴訟法1条）にあり，それは裁判員裁判であっても変わらない。

したがって，刑事裁判への市民参加によって，事件の背後にある市民生活における福祉の課題に対する社会の関心を高めることは裁判員裁判の本来の目的ではない。

しかし，刑事裁判による刑罰権の行使は，犯罪に対する応報だけでなく，犯罪の予防，つまり犯罪のない社会の実現をも目的としていることに照らすと，裁判員裁判の実施を通じて犯罪の要因となるものが社会内で共有され，市民の福祉の充実によってその解消が図られることには，市民参加の大きな意義を見出すことができる。

【参考文献】
宇藤崇・松田岳士・堀江慎司（2018）『刑事訴訟法』有斐閣。
河津博史ほか（2006）『ガイドブック裁判員制度』法学書院。

（岩本憲武）

家族問題の相談ガイド

1 離婚・親子・相続など家族に関する問題の相談機関

① **家庭裁判所の家事相談**

代表として東京家庭裁判所　Tel. 03-3522-8311（無料）

北海道は札幌・函館・旭川，釧路，それ以外は都府県庁所在地に家庭裁判所があり，また，家庭裁判所には支部や出張所がある。

② **法テラス（日本司法支援センター）　Tel. 0570-078374（無料）**

①と同じ所在地にある。法律サービスを提供する各機関の相談窓口の情報を提供。どこへ相談に行ったらよいかを知りたいときに役立つ。また，無料法律相談や裁判費用・弁護士費用の立替えも行う。

③ **弁護士会の相談窓口**

代表として日本弁護士連合会　Tel. 0570-001-240。

①と同じ所在地各都道府県の弁護士会があり，弁護士の紹介や費用の相談に対応。また，法律相談センターを設けている弁護士会もある。

④ **地方自治体が実施する法律相談**

地方自治体で弁護士の無料相談を実施したり，同じく地方自治体の女性センター（男女共同参画センターなど名称は多様）でも，女性のかかえる問題について弁護士による無料法律相談を実施している。また地域の法科大学院の法律相談（院生と弁護士による）と連携している自治体もある。

⑤ **（公社）家庭問題情報センター（FPIC）**

Tel. 03-3971-3741

http://www1.odn.ne.jp/fpic/

元家庭裁判所調査官等が離婚・親子・成年後見などの相談や面会交流の援助を行う。東京以外にも相談室がある。

2 離婚などの問題に取り組む民間団体

① **NPO 法人しんぐるまざぁあず・ふぉーらむ**

Tel. 03-3239-6582

http://www.single-mama.com

NPO 法人しんぐるまざぁあず・ふぉーらむ関西

Tel. 06-6147-9771

http://smf-kansai.main.jp

ひとり親家庭の問題に取り組み，当事者交流も企画。

② **Vi-Project「子どものための面会交流サポートプロジェクト」**

http://www.vi-p.org/

E-MAIL: info@vi-p.org

面会交流の支援を行う。

③　Gender and Law

http://genderlaw.jp/

法律や判例に関する情報提供

④　SAJ（ステップファミリー・アソシエーション・オブ・ジャパン）

http://web.saj-stepfamily.org/

再婚家庭の情報と支援を行う団体

その他にも有益なサイトがあり，上記サイトにリンクされていることもあるので，まずはアクセスのこと。

3　子どもの問題

①　児童相談所および市区町村の福祉事務所（子どもセンターなどの名称もある）

子育て・里親・特別養子・虐待など子どもの問題について対応。所在が不明の場合には，都道府県の中央児童相談所，政令指定都市の児童相談所に連絡のこと（東京03-5937-2319）

②　（公社）家庭養護促進協会・大阪事務所　Tel. 06-6762-5239

http://ainote-osaka.com/

養親子・里親子の問題に取り組み，相談やあっせんも行う。

③　都道府県弁護士会

虐待やいじめ・体罰・不登校・非行など子どもの人権問題に対応。各弁護士会に問い合わせのこと。

④　子どもの虐待防止センター

子どもの虐待110　Tel. 189

児童虐待防止協会

子どもの虐待ホットライン　Tel. 06-6762-0088

いずれも子どもの虐待に関する電話相談を行う。

4　高齢者の介護，虐待，財産管理など

①　市区町村の介護保険担当課

介護保険認定申請の窓口は，地域包括支援センター，在宅介護支援センターなど，その所在は①の担当課で確認できる。まずはこれらの場所でパンフレット必見。

②　各地域の社会福祉協議会

介護に関わることのほか，福祉サービス利用援助事業（旧称，地域福祉権利擁護事業）も行う。

③　（公社）成年後見センター・リーガルサポート

https://www.legal-support.or.jp/

司法書士会を中心とする成年後見センター。この他，都道府県の弁護士会，社会福祉士会も相談，成年後見人・後見監督人等の候補者推薦などのサービスを提供している。

家族問題の相談ガイド

5 DV（ドメスティック・バイオレンス）

① 配偶者暴力相談支援センター

都道府県で設置されているが，名称は，婦人相談所，女性相談センター，女性相談所，女性センターなど多様。連絡先が不明の場合には，東京都女性相談センター（Tel. 03-5261-3110），東京ウィメンズプラザ（Tel. 03-5467-1711）や市区町村の福祉事務所，弁護士会へ問い合わせのこと。

② 全国警察の警察安全相談

警察総合相談室や生活安全課が対応する。

③ NPO 法人全国シェルターネット

http://fields.canpan.info/organization/detail/1477795015

Tel. 03-3818-4113

出典：二宮周平『家族と法──個人化と多様化の中で』（岩波書店，2007年）に掲載されている「困ったときの相談ガイド」に基づき，法律文化社編集部にて加筆修正を行った。

●執筆者紹介（執筆順，※は編著者）

※村尾　泰弘　　立正大学社会福祉学部教授
　　　　　　　　担当：第1部1(1)〜(5)(7)，3(3)，第2部1，4(2)

岩本　憲武　　弁護士（弁護士法人モッキンバード法律事務所）
　　　　　　　　担当：第1部1(6)，2，第3部7

児嶋　芳郎　　立正大学社会福祉学部准教授
　　　　　　　　担当：第1部1(8)

松村　歌子　　関西福祉科学大学健康福祉学部准教授
　　　　　　　　担当：第1部3(1)(2)(5)，4(1)，第3部6

町田　隆司　　東京家庭裁判所家庭裁判所調査官
　　　　　　　　担当：第1部3(4)，第2部3

遠藤　洋二　　関西福祉科学大学社会福祉学部教授
　　　　　　　　担当：第1部4(2)，第2部4(1)

湯原　悦子　　日本福祉大学社会福祉学部教授
　　　　　　　　担当：第1部5，第2部5

高橋　郁絵　　原宿カウンセリングセンターカウンセラー　臨床心理士（公認心理
　　　　　　　　担当：第2部2(1)〜(4)　　　　　　　　師），NPO法人RRP研究会理事

酒井　茂樹　　社会福祉法人むつみ会理事
　　　　　　　　担当：第2部2(5)

丸山　泰弘　　立正大学法学部准教授
　　　　　　　　担当：第3部1

阿部　恭子　　特定非営利活動法人 World Open Heart 理事長
　　　　　　　　担当：第3部2

須藤　明　　駒沢女子大学人間総合学群教授
　　　　　　担当：第3部3

武内　謙治　　九州大学大学院法学研究院教授
　　　　　　担当：第3部4

久能　由莉子　　獨協地域と子ども法律事務所弁護士
　　　　　　担当：第3部5

Horitsu Bunka Sha

家族をめぐる法・心理・福祉
──法と臨床が交錯する現場の実践ガイド

2019年11月10日　初版第1刷発行

編著者　村　尾　泰　弘
発行者　田　靡　純　子
発行所　株式会社　法律文化社

〒603-8053
京都市北区上賀茂岩ヶ垣内町71
電話 075(791)7131　FAX 075(721)8400
http://www.hou-bun.com/

印刷：共同印刷工業㈱／製本：㈱藤沢製本
装幀：白沢　正
ISBN 978-4-589-04030-5
©2019 Yasuhiro Murao Printed in Japan

乱丁など不良本がありましたら、ご連絡下さい。送料小社負担にて
お取り替えいたします。
本書についてのご意見・ご感想は、小社ウェブサイト、トップページの
「読者カード」にてお聞かせ下さい。

JCOPY　〈出版者著作権管理機構　委託出版物〉

本書の無断複写は著作権法上での例外を除き禁じられています。複写される
場合は、そのつど事前に、出版者著作権管理機構（電話 03-5244-5088、
FAX 03-5244-5089、e-mail: info@jcopy.or.jp）の許諾を得て下さい。

二宮周平著〔〈18歳から〉シリーズ〕

18歳から考える家族と法

B 5 判・118頁・2300円

家族の5つのライフステージごとに具体的事例を設け，社会のあり方（常識）を捉えなおす観点から家族と法の関係を学ぶ教科書。学生（子ども）の視点を重視し，問題を発見し，解決に向けた法制度のあり方を含めて考える。統計資料を豊富に盛り込む。

二宮周平編

面会交流支援の方法と課題
―別居・離婚後の親子へのサポートを目指して―

A 5 判・242頁・3200円

面会交流をめぐる家裁実務の現状と課題を概観したうえで，厚労省 FPIC 事業や民間支援団体の関係者が，面会を支援する当事者としてどのように活動に取り組むべきか意見交換したフォーラムを紹介する。

三成美保・笹沼朋子・立石直子・谷田川知恵著〔HBB⁺〕

ジェンダー法学入門〔第3版〕

四六判・312頁・2500円

ジェンダー・バイアスに基づく差別や法制度への影響を明らかにし，社会の常識を問い直す。「性の多様性」の章を新たに設け，LGBT，SOGI の課題についてより詳しく解説。2015年以降の法や判例，社会変化を反映し，バージョンアップ。

加藤幸雄・前田忠弘監修／藤原正範・古川隆司編

司 法 福 祉 〔第2版〕
―罪を犯した人への支援の理論と実践―

A 5 判・250頁・3000円

刑事司法と社会福祉との専門性を活かし協働して，罪を犯した人々の社会復帰を支援するためのガイドブック。実務的な視点を重視し，ケースを紹介しながらわかりやすく解説する。初版刊行（2013年）以降の動向をフォローする。

藤田政博編著

法 と 心 理 学

A 5 判・286頁・2800円

犯罪発生から裁判，裁判後の処遇まで，事件の処理過程にそって体系的に解説した，日本で初めてのテキスト。裁判外紛争解決（ADR）や商標，著作権など，民事関係の研究にも目配り。裁判の適正化を願う研究者，実務家などに必携の書。

村井敏邦著

裁判員のための刑事法ガイド

A 5 判・184頁・1900円

もしも裁判員に選ばれたら…。不安を抱える市民のために，これだけは知っておきたい基礎知識をていねいに解説する。裁判のしくみから手続の流れ，刑法理論までカバー。裁判員時代の法感覚を身につけるために最適の書。

―― 法律文化社 ――

表示価格は本体（税別）価格です